高职高专"十三五"规划教材·慕课系列

成本会计实务习题与实训

丁增稳　刘　颖　习成龙　主　编
王　霞　陈　华　副主编

电子工业出版社
Publishing House of Electronics Industry
北京·BEIJING

内 容 简 介

本书以《成本会计实务》的内容体系为基础，共分为 13 个项目。每个项目设计了 5 种题型，分别为单项选择题、多项选择题、判断题、简答题和实训题。本书密切联系我国企业会计准则、营业税改征增值税、《企业产品成本核算制度（试行）》等有关法律规章制度对成本核算的规定，紧扣高等职业技术教育对成本会计岗位群的要求，兼顾学生会计专业技术资格考试的需要，配合《成本会计实务》使用，可达到巩固、提高的效果。

图书在版编目（CIP）数据

成本会计实务习题与实训 / 丁增稳，刘颖，习成龙主编. —北京：电子工业出版社，2017.8
ISBN 978-7-121-31708-8

Ⅰ. ①成⋯　Ⅱ. ①丁⋯　②刘⋯　③习⋯　Ⅲ. ①成本会计－会计实务－高等职业教育－教学参考资料
Ⅳ. ①F234.2

中国版本图书馆 CIP 数据核字（2017）第 120997 号

策划编辑：贾瑞敏　许振伍
责任编辑：贾瑞敏　　　　　　　　　　　　特约编辑：胡伟卷　苗丽敏
印　　刷：三河市鑫金马印装有限公司
装　　订：三河市鑫金马印装有限公司
出版发行：电子工业出版社
　　　　　北京市海淀区万寿路 173 信箱　邮编 100036
开　　本：787×1 092　1/16　印张：9.25　字数：236.8 千字
版　　次：2017 年 8 月第 1 版
印　　次：2017 年 8 月第 1 次印刷
印　　数：1 200 册　　　　定价：25.00 元

凡所购买电子工业出版社图书有缺损问题，请向购买书店调换。若书店售缺，请与本社发行部联系，联系及邮购电话：(010)88254888，88258888。

质量投诉请发邮件至 zlts@phei.com.cn，盗版侵权举报请发邮件至 dbqq@phei.com.cn。

本书咨询联系方式：电话 010-62017651；邮箱 fservice@vip.163.com；QQ 群 427695338；微信 DZFW18310186571。

前　言

为了反映我国企业会计基本准则和具体会计准则、营业税改征增值税、《企业产品成本核算制度（试行）》及新的企业所得税法等有关法律规章制度对成本核算要求的变化，我们编写了本书，作为高职高专会计专业主干课程教材《成本会计实务》的配套用书。

在编写体例上，每个项目的习题与实训均以《成本会计实务》的内容体系为基础，设计了 5 种题型，分别为单项选择题、多项选择题、判断题、简答题和实训题等。本书的内容设计由浅入深，习题类型多样。通过练习和实训，能够帮助学生全面、准确地理解教材内容，掌握课程所要求的基本理论、基本方法和基本技能，逐步提高自身分析问题、解决问题的能力。

本书由安徽商贸职业技术学院教授丁增稳、吉林电子信息职业技术学院刘颖、桂林电子科技大学职业技术学院习成龙担任主编，由延安职业技术学院王霞、北海职业技术学院陈华担任副主编，安徽商贸职业技术学院郑兴东参与编写。具体编写分工为：丁增稳编写了项目一、十、十一和十二，刘颖、习成龙编写了项目二、三、四和五，王霞编写了项目六、七和八，陈华、郑兴东编写了项目九、十三和附录。最后由丁增稳审核、整理并定稿。

由于水平有限、成书时间仓促，书中难免存在错误和不足之处，恳请各界同仁和广大读者批评指正，以便我们及时修正。

编　者

目 录

项目一　认知成本会计 ... 1

重点与难点分析 /1
　　一、我国会计学界关于成本的
　　　　定义 /1
　　二、我国企业成本开支范围 /1
　　三、成本会计的对象和职能 /2
　　四、成本会计工作的组织形式 /3
　　五、产品成本核算的要求 /3
　　六、费用要素 /4
　　七、成本项目 /5
　　八、成本核算的一般程序 /6
习题与实训 /7

项目二　要素费用的归集和分配 ... 13

重点与难点分析 /13
　　一、要素费用归集的一般原则 /13
　　二、要素费用的分配程序 /14
　　三、材料费用的归集和分配 /14
　　四、职工薪酬的归集和分配 /15
习题与实训 /17

项目三　辅助生产费用的归集和分配 ... 25

重点与难点分析 /25
　　一、辅助生产费用的归集 /25
　　二、辅助生产费用核算程序 /25
　　三、辅助生产费用分配的特点 /26
　　四、辅助生产费用分配的
　　　　方法 /26
习题与实训 /29

项目四　制造费用的归集和分配 ... 36

重点与难点分析 /36
　　一、制造费用的内容 /36
　　二、制造费用的归集 /37
　　三、制造费用的分配方法 /37
习题与实训 /39

项目五　生产损失的核算 ... 44

重点与难点分析 /44
　　一、废品损失的核算 /44
　　二、停工损失的核算 /45
习题与实训 /45

**项目六　生产费用在完工产品和在
产品之间的归集及分配** ... 49

重点与难点分析 /49
　　一、在产品和完工产品的含义 /49
　　二、完工产品成本和在产品成本
　　　　计算的模式 /50
　　三、影响生产费用在完工产品和
　　　　在产品之间的因素 /50
　　四、生产费用在完工产品和
　　　　产品之间的分配方法 /51
习题与实训 /53

项目七　认知产品成本计算方法 ... 60

重点与难点分析 /60
　　一、工业企业生产的主要
　　　　类型 /60

二、成本计算方法的组成
　　因素 / 61
三、生产类型特点对成本计算
　　方法的影响 / 62
四、成本管理要求对成本计算
　　方法的影响 / 63
五、成本计算方法 / 64
习题与实训 / 65

项目八　品种法 **68**

重点与难点分析 / 68
一、品种法的概念、特点和适用
　　范围 / 68
二、品种法的计算程序 / 69
习题与实训 / 69

项目九　分批法 **76**

重点与难点分析 / 76
一、分批法的特点和适用范围 / 76
二、分批法的计算程序 / 77
三、简化的分批法 / 77
习题与实训 / 79

项目十　分步法 **87**

重点与难点分析 / 87
一、分步法的概念、特点及
　　分类 / 87
二、逐步结转分步法 / 88
三、平行结转分步法 / 89
习题与实训 / 91

项目十一　成本计算的其他方法 **98**

重点与难点分析 / 98

一、分类法的含义、特点和适用
　　范围 / 98
二、系数法 / 99
三、定额法成本计算的程序 / 99
四、作业成本法 / 100
习题与实训 / 101

项目十二　其他行业成本核算项目 **107**

重点与难点分析 / 107
一、商品流通企业的商品
　　成本 / 107
二、商品存货成本的核算
　　方法 / 108
三、商品销售成本的核算
　　方法 / 109
四、施工企业工程成本的
　　构成 / 110
习题与实训 / 111

项目十三　成本报表的编制与分析 **119**

重点与难点分析 / 119
一、成本报表的概念和种类 / 119
二、产品生产成本表的编制 / 120
三、产品生产成本表的分析 / 120
习题与实训 / 122

附录 A　成本会计模拟考试试卷（A） **127**

附录 B　成本会计模拟考试试卷（B） **134**

参考文献 **141**

项目一
认知成本会计

重点与难点分析

一、我国会计学界关于成本的定义

马克思关于商品产品成本的论述，是对成本经济实质的高度理论概括。这一理论是指导我们进行成本会计研究的指南，是实际工作中制定成本开支范围，考虑劳动耗费的价值补偿尺度的重要理论依据。因此，我国会计学界将成本定义为：成本是生产经营过程中所耗费的生产资料价值和劳动者为自己劳动所创造的价值的货币表现，也就是企业在生产经营中所耗费的资金总和。

二、我国企业成本开支范围

我国企业成本开支范围经过 4 次改革，在实践中逐渐明确和完善。

① 1984 年颁布的《国营企业成本管理条例》对成本开支范围做出了明确的规定。当时采用的是完全成本法，即工业企业所发生的生产经营费用全部计入产品成本，包括原材料、燃料和动力、工资及福利费、车间经费和企业管理费。

② 1993 年我国会计制度改革，采用制造成本法，即按照国际惯例将企业管理费作为期间费用，并分解为营业费用、管理费用和财务费用，直接计入当期损益；将车间经费改为制造费用；将产品生产所耗用的原材料、燃料和动力、工资及福利费，以及制造费用计入产品成本。

③ 2006 年颁布和施行的企业会计准则，继续沿用制造成本法，重新定义了成本费用的概念，明确了成本费用的范围，并将期间费用分解为销售费用、管理费用和财务费用。

④ 2013 年 8 月，财政部颁布《企业产品成本核算制度（试行）》，自 2014 年 1 月 1 日起在除金融保险业以外的大中型企业范围内施行，鼓励其他企业执行。制度规定，期间费用是指销售费用、管理费用、财务费用、资产减值损失和公允价值变动损失。工业企业可以采用制造成本法，也可以根据自身经营管理特点和条件，利用现代信息技术，采用作业成本法对不能直接归属于成本核算对象的成本进行归集和分配。

三、成本会计的对象和职能

（一）成本会计的对象

在不同的成本会计制度下，成本的范围是不同的，成本会计的对象也就有所不同。例如，在完全成本法下，企业为产品生产所发生的全部成本和费用均计入产品成本；而在制造成本法下，人们认为期间费用通常是在经营期间发生的，不宜直接计入产品的生产成本，而直接计入当期损益。由于篇幅有限，本书仅介绍工业企业的成本对象，且以产品成本计算为重点。

（二）成本会计的职能

成本会计的职能是指成本会计在经济管理中的作用。目前，理论界普遍认为成本会计具有成本预测、成本决策、成本计划、成本控制、成本核算、成本分析和成本考核 7 个方面的作用。下面分别说明成本会计职能的基本内容。

① 成本预测是根据同成本有关的各种数据，可能发生的发展变化和将要采取的各种措施，采用一定的专门方法，对未来的成本水平及其变化趋势做出的科学测算。

② 成本决策是根据成本预测提供的数据和其他有关资料，在若干个同生产经营和成本有关的方案中，选择最优方案，确定目标成本。

③ 成本计划是根据成本决策所确定的目标成本，具体规定在计划期内为完成生产经营任务所应支出的成本、费用，并提出为达到规定的成本水平所应采取的各项措施。

④ 成本控制也称为成本监督，是指在生产经营过程中，根据成本计划对各项实际发生或将要发生的成本、费用进行审核、控制，将其限制在计划成本之内，防止超支、浪费和损失的发生，以保证成本计划的执行。

⑤ 成本核算是对生产经营过程中实际发生的成本、费用进行计算，并进行相应的账务处理。成本核算也是对成本计划执行结果，即成本控制结果的事后反映。

⑥ 成本分析是根据成本核算提供的成本数据和其他有关资料，同本期计划成本、上年同期实际成本、本企业历史先进的成本水平，以及国内外先进企业的成本等进行比较，确定成本差异，并且分析差异的原因，查明成本超支的责任，以便采取措施，改进生产经营管理，降低成本、费用，提高经济效益。

⑦ 成本考核是在成本分析的基础上，定期地对成本计划的执行结果进行评价和考核。在没有上级机构下达的成本计划指标的企业中，成本考核应该自我进行；在有上级机构下达的成本计划指标的企业中，应该首先接受上级机构的考核。

可以看出，成本会计的各项职能是相互联系、相辅相成的。成本预测是成本会计的第1个环节，是成本决策的前提；成本决策是成本会计的重要环节，在成本会计中居于中心地位，既是成本预测的结果，又是制订成本计划的依据；成本计划是成本决策的具体化；成本控制对成本计划的实施进行监督，是实行成本决策既定目标的保证；成本核算是成本会计的最基本职能，提供企业管理所需的成本信息资料，既是发挥其他职能的基础，又是对成本计划预期目标是否实现的最后检验；成本分析和成本考核是实现成本决策和成本计划目标的有效手段，只有通过成本分析，查明原因，制定并执行改进和完善企业管理的措施，才能有效降低成本；只有通过正确评价和考核责任单位的工作业绩，才能调动各部门和全体职工的积极性，进行有效控制，为切实执行成本计划，实现既定目标提供动力。

四、成本会计工作的组织形式

成本会计工作的组织形式有集中工作和分散工作两种基本方式。

① 所谓集中工作方式，是指企业的成本会计工作主要由厂部成本会计机构集中进行，车间等其他单位的成本会计机构或人员只负责原始记录和原始凭证的填制，并对它们进行初步的审核、整理和汇总，为厂部成本会计机构进一步工作提供基础资料。

② 所谓分散工作方式，是指成本会计工作中的计划、控制、核算和分析由车间等其他单位的成本会计机构或人员分别进行；成本考核工作由上一级成本会计机构对下一级成本会计机构逐级进行。厂部成本会计机构除对全厂成本进行综合的计划、控制、分析和考核及汇总核算外，还应负责对各下级成本会计机构或人员进行业务上的指导和监督。成本的预测和决策工作一般仍由厂部成本会计机构集中进行。分散工作方式的优缺点同集中工作方式正好相反。

一般而言，大中型企业一般采用分散工作方式，小型企业一般采用集中工作方式。

五、产品成本核算的要求

为了完成成本核算的各项任务，充分发挥成本核算的作用，不断改善企业的生产经营管理，产品成本的核算工作应贯彻以下各项要求。

（一）算为管用，算管结合

成本费用核算应该从加强企业管理的要求出发，做到成本费用核算和加强企业管理相结合，既算又管，算为管用，算管结合。

（二）严格执行企业会计准则规定的成本计量要求

对于财产物资的计价和价值结转的方法应既较合理又较简便。国家有统一规定的，应采用国家统一规定的方法，而且方法一经确定，必须保持相对稳定。要注意防止任意改变财产物资计价和价值结转的方法，借以人为调节成本和费用。

（三）正确划分各种成本费用的界限

为了正确核算产品成本，保证产品成本的真实可靠，应分清有关成本费用的几个界限。
① 正确划分计入产品成本和不计入产品成本的费用界限。
② 正确划分各个会计期间的生产费用界限。
③ 正确划分各种产品的生产费用界限。
④ 正确划分完工产品和在产品的生产费用界限。

（四）完善成本责任制度

为了正确地进行成本核算，考核各责任单位的成本水平，企业必须完善成本责任制，以进一步降低产品成本，提高企业的经济效益。要完善成本责任制度，应做好如下几项工作。
① 建立健全责任成本制度。
② 建立健全内部成本管理体系。
③ 建立健全成本考核制度。
④ 建立健全成本责任奖惩制度。

（五）做好成本核算的各项基础工作

为了加强成本管理，科学组织成本计算，企业必须做好一系列的基础工作。成本核算的基础工作主要包括以下几项。
① 加强定额管理制度。
② 严格遵守材料物资的计量、收发、领退和盘点制度。
③ 建立各种原始记录的收集整理制度。
④ 建立健全企业内部计划价格制度。

（六）选择适当的成本核算方法

企业在进行成本核算时，应根据本企业的具体情况，选择适合本企业特点的核算方法进行成本核算。成本核算方法的选择，应同时考虑企业生产类型的特点和管理的要求两个方面。在同一企业里，可以采用一种成本核算方法，也可以采用多种成本核算方法，即多种成本核算方法同时使用或多种成本核算方法结合使用。成本核算方法一经选定，一般就不应随意变动。

六、费用要素

产品的生产经营过程，也是劳动对象、劳动手段和活劳动耗费的过程，因而生产经营过程中发生的费用，按经济内容分类，可划分为劳动对象方面的费用、劳动手段方面的费用和活劳动方面的费用三大类。这 3 类可以称为费用的三大要素。为了具体反映各种费用

的构成和水平，还应在此基础上，将其进一步划分为 7 个要素。费用按经济内容进行分类形成的项目，在会计上称为费用要素。费用要素具体包括外购材料、外购燃料、外购动力、职工薪酬、折旧费、利息费用，以及不属于以上各要素费用的其他支出等。

（一）外购材料

外购材料是指企业为进行生产而消耗的一切由企业外部购入的原料及主要材料、半成品、辅助材料、半成品、包装物、修理用备件和低值易耗品等。

（二）外购燃料

外购燃料是指企业为进行生产经营而耗用的一切从外单位购进的各种固体、液体和气体燃料。

（三）外购动力

外购动力是指企业为进行生产而耗用的一切从外单位购入的各种动力，如供电局提供的电力等。

（四）人工费用

人工费用是指企业所有应计入制造成本和期间费用的职工工资、为职工缴纳的各种保险、住房公积金、工会经费、职工教育经费，以及非货币福利等。

（五）折旧费

折旧费是指企业按一定的折旧方法计提的、应计入产品成本和期间费用的折旧费。

（六）利息费用

利息费用是指企业借款利息支出减去利息收入后的金额。利息费用包括资本化利息和费用化利息两部分，这里的利息费用一般是指费用化利息支出。

（七）其他支出

其他支出是指不属于以上各项费用要素的支出，如办公费、差旅费、设计制图费、试验检验费等。

七、成本项目

成本项目是按经济性质、经济用途或成本性态对成本支出进行分类所形成的项目。按照《企业产品成本核算制度（试行）》的规定，企业根据生产经营特点和产品成本管理要求，利用现代信息技术，可以按照成本支出的经济性质设置成本项目，也可以按照成本支出的经济用途或成本性态设置成本项目。

（一）按照成本支出的经济性质分类的成本项目

工业企业按照成本支出的经济性质，可以设置原材料、燃料和动力、职工薪酬、折旧和摊销、其他等成本项目。

① 原材料是指构成产品实体的原料、主要材料，以及有助于产品形成的辅助材料。

② 燃料和动力是指直接用于产品生产的外购燃料和动力。

③ 职工薪酬是指直接参加产品生产的人员，以及企业生产部门为生产产品（提供劳务）而发生的管理人员的职工薪酬。

④ 折旧和摊销是指直接用于生产的固定资产计提的折旧和无形资产的摊销。

⑤ 其他是指未能归入以上项目的停工损失、废品损失、环境成本等支出。

（二）按照成本支出的经济用途分类的成本项目

成本支出按经济用途不同可以分为计入产品成本的费用和不计入产品成本的费用。不计入产品成本的费用称为期间费用，包括销售费用、管理费用、财务费用、资产减值损失和公允价值变动损失；计入产品成本的费用按用途不同可划分为直接材料、燃料及动力、直接人工和制造费用等项目。

① 直接材料是指产品生产过程中耗用的构成产品实体或有助于产品形成的各种材料。

② 燃料及动力是指产品生产过程中耗用的外购或自制的燃料和动力。

③ 直接人工是指直接从事产品生产的人员的职工薪酬。

④ 制造费用是指企业直接用于产品生产，但又不能直接计入产品成本及间接用于产品生产的各项费用。

（三）按照成本支出的成本性态分类的成本项目

全部成本按其成本总额和业务总量之间的依存关系可分为固定成本、变动成本和混合成本三大类。

① 固定成本是指在一定的范围内不随产品产量或销售量变动而变动的那部分成本。

② 变动成本是指在一定条件下，成本总额随着业务量的变动而成正比例变动的那部分成本。

③ 混合成本是介于固定成本和变动成本之间，成本总额虽然受业务量变动的影响，但其变动幅度并不与业务量的变动保持严格比例的那部分成本。

确定成本项目的目的，主要是提供更为细致的成本信息，以便加强成本管理。以上所列 3 个成本项目的分类，是我国企业为了适应全球会计核算制度的变革而做出的改革。在实际工作中，企业可根据生产特点和管理要求，对上述成本项目进行适当的调整。在规定或调整成本项目时，应该考虑 3 个问题：费用在管理上有无单独反映、控制和考核的需要；费用在产品成本中所占比重的大小；为某种费用专设成本项目所增加的核算工作量的大小。例如，我国能源比较紧张，有的企业耗费的燃料或动力较大，为了加强管理，可单设"燃料及动力"项目。同样，为了简化核算，也可以将若干成本项目进行合并。

八、成本核算的一般程序

成本核算的一般程序是指对企业在生产经营过程中发生的各项费用，按照成本核算的要求，逐步进行归集和分配，计算出各种产品的成本和期间费用的过程。它主要包括以下 7 个步骤。

1）确定成本计算对象。

2）确定成本计算期。

3）确定成本项目。

4）设置成本账户。

5）归集和分配生产费用。

6）完工产品和在产品之间的成本分配。

7）汇总并结转完工产品成本。

习题与实训

一、单项选择题

1．成本会计是会计的一个分支，是以（　　）为对象的一种专门会计。

    A．会计主体   B．企业资金

    C．成本   D．企业经济活动

2．成本会计的任务主要取决于（　　）。

    A．企业经营管理的要求   B．成本核算

    C．成本控制   D．成本决策

3．产品成本是指企业生产一定种类、一定数量的产品所支出的各项（　　）。

    A．生产费用之和   B．生产经营管理费用总和

    C．经营管理费用总和   D．料、工、费及经营费用总和

4．成本会计最基本的任务和最基本职能是（　　）。

    A．进行成本预测，编制成本计划

    B．审核和控制各项费用的支出

    C．进行成本核算，提供实际成本的核算资料

    D．参与企业的生产经营决策

5．成本的经济实质是（　　）。

    A．生产经营过程中所耗费生产资料转移价值的货币表现

    B．劳动者为自己劳动所创造价值的货币表现

    C．生产过程中所耗费的物化劳动和活劳动的货币表现

    D．企业在生产经营过程中所耗费的资金的总和

6．大中型企业的成本会计工作一般采取（　　）。

    A．集中工作方式   B．统一领导方式

    C．分散工作方式   D．会计岗位责任制

7．下列项目中，属于费用要素的是（　　）。

    A．直接材料   B．直接人工

    C．外购材料   D．制造费用

8．在制造成本下，下列各项中不应计入产品成本的是（　　）。

    A．企业行政管理部门用固定资产的折旧费

    B．车间厂房的折旧费

C．车间生产用设备的折旧费

D．车间辅助人员的工资

9．成本考核是在（   ）的基础上，定期地对成本计划的执行情况进行评定和考核。

A．成本核算   B．成本分析

C．成本计划   D．成本控制

10．下列各项中，不属于理论成本的是（   ）。

A．原材料费用   B．生产工人工资

C．废品损失   D．期间费用

11．为了保证按每个成本计算对象正确地归集应负担的费用，必须将应由本期产品负担的生产费用正确地在（   ）。

A．各种产品之间进行分配

B．完工产品和在产品之间进行分配

C．盈利产品和亏损产品之间进行分配

D．可比产品和不可比产品之间进行分配

12．下列各项中，属于直接计入费用的是（   ）。

A．几种产品负担的制造费用

B．几种产品共同耗用的原材料费用

C．一种产品耗用的生产工人工资

D．几种产品共同负担的机器设备折旧

13．生产车间的管理费用应纳入（   ）。

A．管理费用   B．生产成本

C．制造费用   D．当期损益

14．为正确计算产品的生产成本，对于本期发生的各项费用，首先应分清各期费用，正确划清（   ）之间的界限。

A．生产费用和制造费用   B．财务费用和管理费用

C．生产费用和期间费用   D．待摊费用和应付费用

15．下列项目中，应计入产品成本的费用是（   ）。

A．车间业务招待费   B．生产车间管理人员薪酬

C．职工困难补助费   D．因筹资支付给银行的手续费

16．期末如果既有完工产品成本，又有在产品，企业应将（   ）在本期完工产品和期末在产品之间进行分配。

A．期初在产品成本

B．本期发生的生产费用

C．期初在产品成本加上本期发生的生产费用（生产费用合计数）

D．本期发生的生产费用减去期初在产品成本

17．下列各项中，属于成本项目的是（   ）。

A．外购动力   B．职工薪酬

C．外购燃料   D．外购材料

18. 下列各项中，应计入制造费用的是（　　）。
    A. 构成产品实体的原材料费用　　B. 产品生产工人工资
    C. 车间管理人员工资　　　　　　D. 工艺用燃料费用

19. 下列各项中，属于直接生产费用的是（　　）。
    A. 生产车间厂房的折旧费用
    B. 产品生产用设备的折旧费用
    C. 企业行政管理部门固定资产的折旧费用
    D. 生产车间管理人员的工资

20. 下列各项中，属于成本支出按经济性质分类的成本项目是（　　）。
    A. 外购动力费用　　　　　　　　B. 原材料
    C. 直接人工　　　　　　　　　　D. 折旧费用

二、多项选择题

1. 企业进行成本核算时，应遵循的会计法律制度有（　　）。
    A. 中华人民共和国会计法
    B. 企业会计准则
    C. 企业产品成本核算制度（试行）
    D. 企业内部成本管理制度

2. 下列各项中，属于成本会计职能的有（　　）。
    A. 成本审计　　　　　　　　　　B. 成本决策
    C. 成本核算　　　　　　　　　　D. 成本分析

3. 成本会计的形成和发展经历了（　　）。
    A. 古代成本会计　　　　　　　　B. 早期成本会计
    C. 近代成本会计　　　　　　　　D. 现代成本会计

4. 下列项目中，按现行会计制度的规定，属于产品成本开支范围的有（　　）。
    A. 为制造产品所耗用的原材料
    B. 生产单位支付的车间管理人员的工资
    C. 生产用固定资产发生的折旧费
    D. 意外事故发生的废品损失

5. 成本会计工作的组织主要包括（　　）等。
    A. 设置成本会计机构
    B. 配备必要的成本会计人员
    C. 制定科学、合理的成本会计制度
    D. 配备合适的会计软件

6. 一般来说，企业应根据本单位（　　）等具体情况和条件来组织成本会计工作。
    A. 生产规模的大小　　　　　　　B. 生产经营业务的特点
    C. 成本计算方法　　　　　　　　D. 企业机构的设置

7. 成本会计的职能包括（　　）。
    A. 成本预测、决策　　　　　　　B. 成本核算、分析

     C．成本计划   D．成本控制和成本考核

8．成本会计机构内部的组织分工有（   ）。

    A．按成本会计的职能分工   B．按成本会计的对象分工

    C．集中工作方式   D．分散工作方式

9．下列各项中，属于按成本支出的经济用途分类的成本项目有（   ）。

    A．直接材料   B．直接人工

    C．燃料和动力   D．制造费用

10．下列各项中，应记入"原材料"成本项目的有（   ）。

    A．直接用于产品生产的原材料费用

    B．直接用于产品生产的主要材料费用

    C．车间的机物料消耗

    D．直接用于产品生产的辅助材料费用

11．正确划分各种产品成本的界限，是指（   ）。

    A．能直接计入某种产品成本的生产费用，应当直接计入

    B．不能直接计入某种产品成本的生产费用，应当采用一定的标准在各种产品之间进行分配后再计入

    C．各种费用均应直接计入该种产品的成本

    D．制造费用均不能直接计入产品成本

12．成本核算的一般程序包括（   ）。

    A．费用的审核和控制

    B．生产费用在各个成本核算对象之间的分配

    C．期间费用在各个成本核算对象之间的分配

    D．生产费用在本期完工产品和期末在产品之间的分配

13．生产费用在各个成本核算对象之间的归集和分配，必须注意（   ）。

    A．应按成本项目归集和分配

    B．归集和分配的只是本期发生的生产费用

    C．归集和分配的原则是受益原则

    D．归集和分配的费用包括期间费用

14．下列项目中，不计入产品成本的有（   ）。

    A．制造费用   B．利息费用

    C．固定资产盘亏损失   D．产成品盘亏损失

15．为了正确计算产品成本，必须正确划分（   ）几个方面的费用界限。

    A．盈利产品和亏损产品   B．生产费用和期间费用

    C．完工产品与在产品   D．可比产品和不可比产品及各个会计期间

16．为了正确计算产品成本，必须做好的各项基础工作有（   ）。

    A．定额的制定和修订   B．厂内计划价格的制定和修订

    C．各项原始记录   D．材料物资的计量、收发、领退和盘点

17．下列各项中，属于费用要素的有（   ）。

    A．外购材料   B．外购动力

C. 人工费用　　　　　　　　　　D. 制造费用

18. 下列各项中，可以作为产品成本项目的有（　　　　　）。

A. 废品损失　　　　　　　　　　B. 制造费用

C. 原材料　　　　　　　　　　　D. 工资

19. 下列各项中，属于间接生产费用的有（　　　　　）。

A. 车间厂房的折旧费　　　　　　B. 车间管理人员的薪酬

C. 几种产品共同消耗的动力费用　D. 车间辅助人员的薪酬

20. 下列各项中，属于直接计入生产费用的有（　　　　　）。

A. 几种产品共同消耗的辅助材料费用

B. 几种产品共同负担的制造费用

C. 一种产品消耗的原材料费用

D. 一种产品消耗的生产工人薪酬

三、判断题（正确的画√，错误的画×）

1. 成本的经济实质，是企业在生产经营过程中所耗费的资金总和。（　　）

2. 在实际工作中，确定成本的开支范围应以成本的经济实质为理论依据。（　　）

3. 成本预测和计划是成本会计的最基本的任务。（　　）

4. 一定时期的生产费用通常小于产品成本。（　　）

5. 以已经发生的各项费用为依据，为经济管理提供真实的、可以验证的成本信息资料，是成本会计反映职能的基本方面。（　　）

6. 财务会计和成本会计在会计确认、计量、记录和报告方面是不同的。（　　）

7. 成本会计的基本任务是促使企业尽可能节约产品生产经营过程中活劳动和物化劳动的消耗，不断提高经济效益。（　　）

8. 成本会计人员和财务会计人员的职责必须分开，以便进行管理。（　　）

9. 无论在何种成本制度下，期间费用均不得计入产品成本。（　　）

10. 成本会计的最基本职能是进行成本核算。（　　）

11. 工业企业在一定时期内发生的，用货币表现的生产耗费，称为产品的生产成本。（　　）

12. 制造业成本核算的内容包括产品成本的核算和期间费用的核算。（　　）

13. 在成本核算中，应该正确划分完工产品和在产品的费用界限，防止任意提高或降低月末在产品费用，人为调节完工产品的成本。（　　）

14. 在只生产一种产品的企业或车间中，直接生产费用和间接生产费用都可以直接计入产品成本。（　　）

15. 所谓间接费用就是直接计入当期损益的费用。（　　）

16. 企业生产费用都应直接计入各种产品成本。（　　）

17. 正确计算期末在产品成本，是正确计算本期完工产品成本的关键。（　　）

18. 期末，企业必须按成本项目将生产费用合计数在本期完工产品和期末在产品之间进行划分。（　　）

19. 制定和修订定额，只是为了进行成本审核，同成本计算没有关系。（　　）

20．产品成本项目就是计入产品成本的费用按经济内容分类核算的项目。　　（　　）

四、简答题

1．怎样理解成本的经济内涵？

2．成本会计的主要职能有哪些？它们之间的关系如何？

3．在成本核算中，如何正确划分各种产品成本的界限？

4．什么是费用要素？它包括哪些内容？

5．什么是成本项目？

6．按照成本支出的经济用途分类的成本项目有哪些？

7．按照成本支出的经济性质分类的成本项目有哪些？

8．成本核算的一般程序是什么？

在线测试

五、实训题

目的： 训练生产费用要素和产品成本项目的设定。

资料： 某企业 8 月份有关费用资料如下。

1．本月月初在产品成本 90 000 元，月末产品全部完工。

2．本月生产产品生产耗用费用 98 000 元。其中，耗用原材料 80 000 元，辅助材料 1 000 元，燃料 2 000 元，电费 5 000 元，生产工人薪酬 10 000 元。

3．本月生产车间发生费用 6 000 元。其中，车间管理人员薪酬 5 000 元，车间办公费 500 元，生产用机器修理费 500 元。

4．企业行政部门发生的费用 46 600 元。其中，管理人员薪酬 40 000 元，电话费 1 000 元，办公费 3 000 元，其他费用 2 600 元。

5．本月应负担的短期借款利息 5 000 元。

6．企业支付的用于设备租赁的长期待摊费用 8 000 元，本月应摊销 1 000 元。

7．本月固定资产报废清理损失 1 000 元。

8．本月以银行存款支付的销售费用 9 000 元。

企业成本会计人员将此费用的分类内容列示如下。

生产经营费用	263 600 元
生产费用	194 000 元
产品成本	188 000 元
期间费用	69 600 元

要求：

请用产品成本核算要求中"正确划分各种费用界限"的要求来评价该企业成本会计人员的费用分类项目的数额是否正确，并说明原因。

项目二
要素费用的归集和分配

重点与难点分析

一、要素费用归集的一般原则

（一）基本生产车间要素费用的归集

基本生产部门发生的费用按用途，可分为直接用于产品生产的费用和用于生产部门组织及管理生产的费用（包括间接用于产品生产的费用）两部分。

1. 直接用于产品生产并专门设有成本项目的费用

直接用于产品生产并专门设有成本项目的费用主要包括构成产品实体的原材料或从事产品生产工人的薪酬费用，应记入"基本生产成本"总账和该种产品的基本生产成本明细账的"直接材料"或"直接人工"成本项目。

2. 用于生产部门组织及管理生产的费用

用于生产部门组织及管理生产的费用大多属于间接用于产品生产的费用，由于这些费用发生次数多、金额小，为了简化费用日常分配工作，一般平时将发生的间接费用记入"制造费用"总账和所属明细账进行归集，月末汇总后按一定的标准分配记入"基本生产成本"总账和该种产品的基本生产成本明细账的"制造费用"成本项目。

（二）辅助生产部门发生的费用

对于辅助生产部门发生的各种费用，也可按用途分为直接用于辅助产品生产（或劳务）的费用和用于辅助生产部门组织及管理生产的费用两部分。对辅助生产费用有以下两种处理方法。

1. 设置"辅助生产成本"和"制造费用"账户核算

如果辅助生产对外提供商品产品，而且辅助生产车间规模较大，辅助产品或劳务较多，应该视同基本生产进行会计处理。

2. 只设置"辅助生产成本"账户，不设置"制造费用"账户核算

如果辅助生产不对外提供商品产品，而且辅助生产车间规模较小，辅助产品或劳务单一，为了简化核算工作，用于辅助生产部门组织和管理生产的费用不设"制造费用"科目，而直接全部记入"辅助生产成本"总账和相应的明细账。

二、要素费用的分配程序

（一）选择恰当的分配标准

常见的分配标准有：成果类，如产品的产量、体积、重量、产值等；消耗类，如生产工时、生产工资、机器工时、原材料消耗量等；定额类，如定额消耗量、定额费用等。

（二）计算费用分配率

$$费用分配率 = \frac{待分配费用总额}{分配标准总额}$$

（三）计算某受益对象应负担的费用

$$某受益对象应分配的费用 = 该对象的分配标准额 \times 费用分配率$$

三、材料费用的归集和分配

（一）原材料费用的归集

1. 确定发出材料的数量

确定发出（消耗）材料的数量有两种方法：永续盘存制和实地盘存制。

2. 确定发出材料的成本

在实际工作中，有的企业按照实际成本计价组织材料的核算，有的企业按照计划成本计价组织材料的核算。无论采用哪种核算形式，生产经营过程中消耗的材料费用都应该是

材料的实际成本。

3. 材料费用归集的原则

发出材料成本计算出来后，企业应根据全部领、退料凭证汇总编制发出（耗用）材料汇总表，根据领料部门和用途及受益对象将材料费用分别归集在"基本生产成本""辅助生产成本""制造费用""销售费用""管理费用""在建工程""研发支出"等相关总账和所属明细账中。

（二）原材料费用的分配

材料费用的分配是指为生产两种或两种以上的产品共同耗用的材料费用在各个成本对象之间的分配。其分配标准可供选择的很多，如定额耗用量、生产量、产品的体积、产品的重量等。企业通常采用材料定额耗用量比例分配法或材料定额费用比例分配法进行分配。

1. 定额耗用量比例分配法

定额耗用量比例分配法是以原材料定额耗用量为分配标准，分配原材料费用的一种方法。其计算程序如下。

1）计算各种产品原材料的定额耗用量。

2）以原材料定额耗用量为分配标准，计算原材料费用分配率。

3）计算各种产品应分配的原材料费用。

其计算公式为：

$$某种产品的定额耗用量 = 该种产品的实际产量 \times 产品的单位消耗定额$$

$$材料费用分配率 = \frac{应分配直接材料费用合计}{全部产品的定额耗用量}$$

$$某种产品应负担的材料费用 = 该种产品定额耗用量 \times 分配率$$

2. 定额费用比例分配法

定额费用比例分配法是以原材料定额费用为分配标准，分配原材料费用的一种方法。其计算程序如下。

1）计算各种产品原材料的定额费用。

2）以原材料定额费用为分配标准，计算原材料费用分配率。

3）计算各种产品应分配的原材料费用。

其计算公式为：

$$某种产品的定额费用 = 该种产品的实际产量 \times 单位产品的原材料费用定额$$

$$材料费用分配率 = \frac{应分配直接材料费用合计}{全部产品的定额费用之和}$$

$$某种产品应负担的材料费用 = 该种产品定额费用 \times 分配率$$

四、职工薪酬的归集和分配

（一）职工薪酬的组成

职工薪酬是指企业为获得职工提供的服务或解除劳动关系而给予的各种形式的报酬或

补偿。职工薪酬包括短期薪酬、离职后福利、辞退福利和其他长期职工福利。企业提供给职工配偶、子女、受赡养人、已故员工遗属及其他受益人等的福利，也属于职工薪酬。

（二）职工薪酬核算的原始记录

职工薪酬核算的原始记录主要包括工资卡、考勤记录、产量和工时记录等。

（三）职工薪酬的计算和结算

目前，生产工人薪酬的计算主要有两种方式：一种是按计时工资计算；另一种是按计件工资计算。

1．计时工资

计时工资是按工资标准和工作时间支付给职工个人的工资。在实行计时工资的企业，职工的计时工资一般采用月薪制，即工资标准是按月计算的。

采用月薪制，无论各月日历天数多少，职工每月的全勤工资相同。如果发生因病、因事或旷工缺勤，将缺勤工资从全勤工资中扣除。其计算公式为：

$$应付工资＝月标准工资＋奖金＋津贴补贴－缺勤工资$$
$$缺勤工资＝缺勤天数×日工资率＋病假天数×日工资率×病假扣发率$$

其中，日工资率是指平均每日工资额，目前有以下两种计算方法。

① 按每月固定 30 天计算。采用这种方法，连续缺勤时间内的节假日也算缺勤，照扣工资。

② 每月都按 21 天计算（按全年 365 天减去 104 个双休日和 11 个法定节假日后再除以 12 个月，计算得 21 天）。采用这种方法，连续缺勤时间内的节假日不算缺勤，不扣工资。

2．计件工资

计件工资是根据产量记录中合格产品的产量乘以规定的计件单价计算的应付工资。对于废品，应区分料废品和工废品，料废品工资照付，工废品不但不能支付工资，有的还应根据具体情况由生产工人赔偿损失。

计件工资的计算分为个人计件和集体计件两种。

（1）个人计件工资的计算

$$应付计件工资＝（合格品数量＋料废品数量）×计件单价$$

（2）集体计件工资的计算

集体计件工资一般以班组为计算对象，先按班组产量和计件单价计算出班组计件工资总额，再根据班组成员的工资标准和实际工时比例进行分配，从而计算出班级成员个人应得的工资。

（四）职工薪资的归集

《企业会计准则——职工薪酬》规定，企业应当在职工为其提供服务的会计期间，将应付的职工薪酬确认为负债，除因解除同职工的劳动关系给予的补偿外，应当根据职工提供服务的受益对象，区分下列情况处理。

① 应由生产产品、提供劳务负担的职工薪酬，计入产品成本或劳务成本。

② 应由在建工程、无形资产负担的职工薪酬，计入建造固定资产或无形资产成本。

③ 上述①和②之外的其他职工薪酬，计入当期损益。

对于除职工薪酬以外的职工福利费、五险一金、工会经费和职工教育经费等其他人工费用，国家规定了计提基础和计提比例的，应当按照国家规定的标准计提，没有规定计提基础和计提比例的，企业应当根据历史经验数据和实际情况合理预计，按照职工提供服务的受益对象，计入相关资产的成本或计入当期损益。

（五）职工薪酬的分配

采用计件工资形式支付的产品生产工人工资，一般可以直接计入所生产产品的成本，不需要在各成本核算对象之间进行分配。采用计时工资形式支付的工资，如果生产车间（班组）或工人只生产一种产品，可以将工资费用直接计入该种产品成本；如果生产多种产品，则需要选用合理的分配方法，在各成本核算对象（各种产品）之间进行分配。

习题与实训

一、单项选择题

1. 确定消耗材料的数量，一般应采用（　　）。
    A．加权平均法　　　　　　　　B．先进先出法
    C．永续盘存制　　　　　　　　D．实地盘存制

2. 下列分配方法中，不宜作为原材料费用分配方法的是（　　）。
    A．定额费用比例分配法　　　　B．重量分配法
    C．产量分配法　　　　　　　　D．生产工人工时比例分配法

3. 下列各项中，不记入"直接人工"成本项目的是（　　）。
    A．产品生产工人工资　　　　　B．按产品生产工人工资比例提取的社保费
    C．产品生产工人的津贴　　　　D．生产车间管理人员的工资

4. 下列单据中，不应作为记录材料消耗数量原始依据的是（　　）。
    A．领料单　　　　　　　　　　B．限额领料单
    C．退料单　　　　　　　　　　D．账存实存对比单

5. 以下税金中，不属于要素费用的税金是（　　）。
    A．房产税　　　　　　　　　　B．车船税
    C．印花税　　　　　　　　　　D．增值税

6. 基本生产车间直接用于产品生产、构成产品实体的原材料和主要材料，应通过（　　）成本项目反映。
    A．直接材料　　　　　　　　　B．原材料
    C．原料及主要材料　　　　　　D．外购材料

7. 下列不得计入产品成本的费用是（   ）。

A．车间厂房折旧费

B．车间机物料消耗

C．有助于产品实体形成的辅助材料

D．房产税、车船税

8. 企业行政管理人员薪酬应记入的会计科目是（   ）。

A．管理费用　　　　　　　　B．生产成本

C．制造费用　　　　　　　　D．销售费用

9. 下列计价方法中，不属于发出材料计价方法的是（   ）。

A．先进先出法　　　　　　　B．定额成本法

C．个别计价法　　　　　　　D．加权平均法

10. 企业发生的印花税、房产税、车船使用税、土地使用税应该记入的会计科目是（   ）。

A．管理费用　　　　　　　　B．税金及附加

C．制造费用　　　　　　　　D．销售费用

二、多项选择题

1. 对于几种产品共同耗用的原材料，应采用一定的方法分配计入各种产品。常用的分配方法有（   ）。

A．定额耗用量比例分配法　　B．定额费用比例分配法

C．产量比例分配法　　　　　D．定额工时比例分配法

2. 计入产品成本的各项材料费用，按其用途不同，应记入（   ）账户的借方。

A．基本生产成本　　　　　　B．制造费用

C．辅助生产成本　　　　　　D．管理费用

3. 用来核算生产过程中发生的费用，计算产品成本的账户主要有（   ）。

A．基本生产成本　　　　　　B．制造费用

C．销售费用　　　　　　　　D．管理费用

4. 我国现行采用的发出原材料计价方法有（   ）。

A．先进先出法　　　　　　　B．后进先出法

C．加权平均法　　　　　　　D．个别计价法

5. 某基本生产车间发生下列费用，应记入"制造费用"账户的有（   ）。

A．车间管理人员工资　　　　B．车间设备折旧费

C．车间机物料消耗　　　　　D．车间产品生产用原材料

6. 几种产品共同耗用的外购动力费用，常用的分配标准有（   ）。

A．生产工时　　　　　　　　B．机器工时

C．产品重量　　　　　　　　D．生产工人工资

7. 产品生产成本中的直接材料费用包括（   ）。

A．生产工艺过程中耗用的燃料费用

B．车间管理耗用的材料费用

C. 构成产品实体的材料费用

D. 同产品实体相结合的辅助材料

8. 分配结转人工费用时，会计分录中借方科目主要有（　　　　）。

A. 基本生产成本　　　　　　　　B. 管理费用

C. 制造费用　　　　　　　　　　D. 财务费用

9. 下列固定资产中，应计提折旧的有（　　　　）。

A. 生产用机器设备

B. 房屋建筑物

C. 已提足折旧继续使用的机器设备

D. 出租的设备

10. 直接人工费用成本项目包括的内容主要有（　　　　）。

A. 产品生产工人的计时工资

B. 产品生产工人的奖金、津贴和补贴

C. 产品生产工人加班工资

D. 产品生产工人的计件工资

三、判断题（正确的画√，错误的画×）

1. 用于企业生产、照明的电费，应记入基本生产成本明细账的"燃料和动力"成本项目。（　　）

2. 在计件工资下，不合格产品不计算工资。（　　）

3. 固定资产折旧费是产品成本的重要组成部分。因此，企业发生的折旧费用应全部计入产品成本。（　　）

4. 为了简化折旧的计算工作，月份内开始使用的固定资产，当月开始计提折旧。（　　）

5. 当燃料费用在产品成本中所占比重较大时，应单独设立成本项目或同动力费用合并设立"燃料与动力"成本项目。（　　）

6. 材料按计划成本核算的企业，计入产品成本的材料费用，也应按计划成本计算。（　　）

7. 因为加工原因而导致的废品，应照付计件工资。（　　）

8. 外购动力费用的核算一般应通过"应付账款"账户。（　　）

9. 采用计件工资制时，产品生产工人工资属于直接计入费用。（　　）

10. 采用盘存计算法能够准确地计算出消耗材料的数量。（　　）

四、简答题

1. 什么是定额耗用量比例分配法？它应该如何分配材料费用？

2. 定额费用比例分配法和定额耗用量比例分配法有何关系？

3. 外购燃料费用分配和外购材料费用分配有何关系？

4. 外购动力费用为什么通过"应付账款"科目核算？

在线测试

5. 日工资率计算方法有哪几种？

6. 在计件工资制下，哪些项目可以计发职工薪酬？

7. 集体计件工资是如何分配的？

8. 固定资产折旧费用应该记入哪些会计科目？

五、实训题

实 训 一

目的： 实训原材料费用的归集和分配。

资料： 生产 A、B、C 三种产品。本月 3 种产品共同耗用甲材料 41 800 千克，每千克 12 元，总金额为 501 600 元。3 种产品本月投产量分别为 4 000 件、3 200 件和 2 400 件，甲材料消耗定额分别为 6 千克、2.5 千克和 5 千克。该厂本月发出材料汇总表如表 2-1 所示。

表 2-1　发出材料汇总表

2017 年 8 月　　　　　　　　　　　　　　　　　元

领料部门及用途		甲 材 料	乙 材 料	丙 材 料	合 计
基本生产车间	A 产品生产		280 000		280 000
	B 产品生产		220 000		220 000
	C 产品生产		187 000		187 000
	产品生产共同耗用	501 600			501 600
	车间一般耗用			25 000	25 000
企业管理部门耗用				20 000	20 000
专设销售机构耗用				15 000	15 000
固定资产建造耗用		38 400			38 400
合 计		540 000	687 000	60 000	1 287 000

要求：

1. 采用定额耗用量比例分配法分配甲材料费用，如表 2-2 所示。

表 2-2　共同耗用材料费用分配表

2017 年 8 月　　　　　　　　　　　　　　　　　元

产 品	产 量	单位消耗定额	定额耗用量	分 配 率	分 配 金 额
A 产品					
B 产品					
C 产品					
合 计					

2. 编制本月发出材料的会计分录。

实 训 二

目的： 实训外购动力费用的分配。

资料： 某厂各月动力费用相差较大，会计上通过"应付账款"账户核算电费。其有关资料如下。

1. 本月 12 日收到银行转来的电力公司开具的增值税专用发票，每度电单价 1.25 元，价款 48 000 元，增值税税额 8 160 元。经审核无误后予以支付。

2. 月末，后勤部门报来用电明细表，本月共耗电 50 000 度。其中，产品生产用电 38 000 度，车间管理部门用电 4 000 度，厂部管理部门用电 8 000 度。本月该厂生产的 A、B、C 三种产品实际生产工时分别为 8 000 小时、5 000 小时和 3 000 小时。

要求：

1. 编制支付电费的会计分录。

2. 采用生产工时分配法分配外购电费，如表 2-3 所示。

表 2-3　外购动力费用分配表

2017 年 8 月　　　　　　　　　　　　　　　　　元

产　品	实际生产工时	分 配 率	分 配 金 额
A 产品			
B 产品			
C 产品			
合　计			

3. 编制分配结转应付电费的会计分录。

实 训 三

目的： 实训计件工资的计算和分配。

资料： 某企业第 2 小组是流水线作业，采用集体计件工资制度。其有关资料如下。

1. 本月加工完成 A 产品 1 648 件。其中，合格品 1 590 件，料废品 68 件，工废品 10 件。其计件单价为 9 元。

2. 第 2 小组有 4 位工人，级别分别为六级工、五级工、四级工和学徒工。有关日工资率和出勤天数如表 2-4 所示。

表 2-4　集体计件工资分配表

2017 年 6 月　　　　　　　　　　　　　　　　　元

姓　名	等　级	日工资率	出勤日数	标准工资额	分配率	应 付 工 资
周小伟	6	150	24			
魏大力	5	120	26			
曹一鸣	4	100	26			
吴伟伟	1	60	30			
合　计	—	—	—			

要求：

1. 计算第 2 小组集体计件工资。

2. 计算分配每人工资额。

实 训 四

目的： 实训人工费用的归集和分配。

资料:

1. 某厂本月应付职工薪酬及代扣个人所得税等有关资料如表 2-5 所示。

表 2-5　职工薪酬结算汇总表

2017 年 6 月 10 日　　　　　　　　　　　　　　　　　　　　　　　　元

部门名称		基本工资	加班工资	应付薪酬	个人所得税	实发薪酬
一车间	生产工人工资	150 000.00	30 000.00	180 000.00	2 000.00	178 000.00
	管理人员	24 000.00	6 000.00	30 000.00	150.00	29 850.00
二车间	生产工人工资	170 000.00	40 000.00	210 000.00	2 200.00	207 800.00
	管理人员	30 000.00	5 000.00	35 000.00	400.00	34 600.00
修理车间人员工资		26 000.00	3 000.00	29 000.00	0.00	29 000.00
供电车间人员工资		20 000.00	4 000.00	24 000.00	0.00	24 000.00
行政管理部门工资		280 000.00	20 000.00	300 000.00	1 100.00	298 900.00
医务人员工资		32 000.00	2 000.00	34 000.00	0.00	34 000.00
合　计		732 000.00	110 000.00	842 000.00	5 850.00	83 6150.00

2. 一车间生产的 A、B 两种产品实际生产工时分别为 8 000 小时和 4 000 小时；二车间生产 C、D 两种产品实际生产工时分别为 5 000 小时和 3 000 小时。按生产工时分配生产工人薪酬。

3. 按职工薪酬的 12%、10%、2% 和 2.5% 分别计提职工社会保险费、住房公积金、工会经费和职工教育经费。

4. 编制分配职工薪酬的会计分录。

要求:

1. 按职工薪酬结算汇总表中的实发薪酬以银行存款发放，并编制会计分录。

2. 采用生产工时分配法分配生产工人工资，如表 2-6 所示。

表 2-6　生产工人薪酬费用分配表

2017 年 6 月　　　　　　　　　　　　　　　　　　　　　　　　元

产品	实际生产工时	分配率	分配金额
A 产品			
B 产品			
小　计			
C 产品			
D 产品			
小　计			

3. 根据职工薪酬结算汇总表和生产工人薪酬费用分配表，编制职工薪酬分配会计分录。

4. 计算提取相关费用，编制职工薪酬分配表，如表 2-7 所示。

表 2-7 职工薪酬分配表

2017 年 6 月 10 日　　　　　　　　　　　　　　　　　　　元

项　目		应付职工薪酬总额	社 保 费（12%）	住房公积金（10%）	工会经费（2%）	职工教育经费（2.5%）	合　计
总　账	二级明细账						
基本生产成本	A 产品						
	B 产品						
	小　计						
	C 产品						
	D 产品						
	小　计						
	合　计						
辅助生产成本	修理车间						
	供电车间						
制造费用	一车间						
	二车间						
管理费用							
合　计							

实 训 五

目的：综合实训材料费用的归集和分配。

资料：新星公司属增值税一般纳税人，增值税税率为 17%。原材料采用实际成本进行核算，发出材料采用先进先出法。

1. 期初资料如下。

（1）6 月初库存 A 材料 1 000 千克，每千克 10 元。

（2）6 月初库存 B 材料 800 千克，每千克 6 元。

2. 2017 年 6 月发生下列经济业务。

（1）2 日购进 A 材料 3 000 千克，每千克 11 元。价款及税款均以银行存款支付，材料已验收入库。

（2）5 日，购进 B 材料 4 000 千克，每千克 7 元。价款及税款均以商业汇票支付，材料未到。

（3）8 日，收到购进的 B 材料，实收 3 995 千克，短少 5 千克属于运输途中的合理损耗（单价保留 2 位小数）。

（4）17 日，购进 A 材料 1 000 千克，每千克 10 元，价款 10 000 元，增值税税额 1 700 元；运费 200 元，增值税税额 22 元。材料价款及税款均以银行存款支付，材料收到入库。

（5）28 日，汇总本月发出材料。本月生产甲产品直接领用 A 材料 3 500 千克，生产乙产品直接领用 A 材料 1 000 千克。

（6）生产甲、乙两产品共同领用 B 材料 3 040 千克。共同耗用的材料采用定额耗用量比例分配法，本月生产甲产品 400 件，每件消耗定额 6 千克；生产乙产品 100 件，每件消耗定额 8 千克。

要求：

1. 编制经济业务（1）至（4）题的会计分录。

2. 采用先进先出法根据经济业务（5）的资料计算发出材料的实际成本，并编制材料费用分配的会计分录。

3. 根据经济业务（6）的资料，进行材料费用的分配，并编制材料费用分配的会计分录。

项目三
辅助生产费用的归集和分配

一、辅助生产费用的归集

工业企业的辅助生产单位即辅助生产车间。辅助生产车间在产品生产和劳务供应过程中所耗费的各种生产费用是以产品或劳务为对象来归集的，这些生产费用构成了辅助生产产品和劳务的成本，即辅助生产成本。但对于耗用这些产品或劳务的基本生产车间和企业管理部门及其他部门来说，辅助生产车间所提供的产品或劳务又是一种费用，即辅助生产费用。

二、辅助生产费用核算程序

在不设置"制造费用"账户核算辅助生产车间费用的情况下，辅助生产费用核算程序如下。

1）辅助生产车间或部门发生的各项费用，应直接计入或间接计入"辅助生产成本"明细账户的费用项目专栏。

2）月度终了，汇总计算辅助生产车间发生的生产费用。

3）将辅助生产费用在各受益对象间按照一定的分配标准进行分配，并分别记入"基本生产成本""管理费用""销售费用""其他业务成本""在建工程""周转材料"等账户。

三、辅助生产费用分配的特点

辅助生产车间提供产品和劳务，主要是为基本生产车间、企业管理部门等服务。但在提供产品和劳务过程中，某些辅助生产车间之间也有相互提供产品和劳务的情况，如供电车间为修理车间提供电力、机修车间为供电车间修理设备。这样，为了计算修理的成本必须计算电力的成本，为了计算电力的成本又要计算修理的成本。因此，为了正确计算辅助生产产品和劳务的成本，在分配辅助生产费用时，还应在各辅助生产车间之间进行费用的交互分配。这就是辅助生产费用分配的特点。

按受益原则分配辅助生产费用时，基本计算公式为：

$$辅助生产费用分配率 = \frac{待分配的辅助生产费用}{负担费用的各受益对象的受益总量}$$

$$\begin{array}{l}某受益对象应负 \\ 担的辅助生产费用\end{array} = \begin{array}{l}该受益对象 \\ 的受益数量\end{array} \times \begin{array}{l}辅助生产 \\ 费用分配率\end{array}$$

四、辅助生产费用分配的方法

辅助生产车间之间相互制约、相互影响的特点使辅助生产费用的分配产生了困难。因此，辅助生产费用的分配采用了一些特殊的分配方法，主要有直接分配法、一次交互分配法、代数分配法、计划成本分配法和顺序分配法等。

（一）直接分配法

直接分配法是指各辅助生产车间发生的费用，直接分配给辅助生产车间以外的各受益对象，而不考虑各辅助生产车间之间相互提供产品或劳务情况的一种分配方法。

其分配原则是：对外不对内。其中，"外"指辅助生产车间以外的各受益对象，"内"指各辅助生产车间之间。

其计算公式为：

$$\begin{array}{l}辅助生产 \\ 费用分配率\end{array} = \frac{辅助生产车间发生的费用}{辅助生产车间以外的各受益对象的受益总量}$$

$$\begin{array}{l}辅助生产车间以外的各受益 \\ 对象应负担的辅助生产费用\end{array} = \begin{array}{l}该受益对象 \\ 的受益量\end{array} \times \begin{array}{l}辅助生产 \\ 费用分配率\end{array}$$

采用直接分配法分配辅助生产费用，计算方法比较简单。但这一方法没有考虑各辅助生产车间之间相互提供劳务的情况，因而其分配结果的准确性不高，一般适宜在辅助生产车间内部相互提供产品或劳务不多、不进行费用的交互分配，对辅助生产成本和基本生产车间的产品成本影响不大的情况下采用。

（二）一次交互分配法

一次交互分配法对各辅助生产车间的成本费用进行两次分配。首先，根据各辅助生产车间、部门相互提供的产品或劳务的数量和交互分配前的单位成本（费用分配率），在各辅助生产车间之间进行一次交互分配，即对内分配。然后，将各辅助生产车间、部门交互分配后的实际费用（交互分配前的费用加上交互分配转入的费用，减去交互分配转出的费用）再按提供产品和劳务的数量及交互分配后的单位成本（费用分配率），在辅助生产车间、部门以外的各受益单位进行分配，即对外分配。

其分配原则是：先对内，后对外。

其计算公式为：

① 交互分配的计算公式

$$\frac{\text{交互分配}}{\text{费用分配率}} = \frac{\text{辅助生产车间发生的费用}}{\text{辅助生产车间提供的劳务总量}}$$

$$\frac{\text{某辅助生产车间应}}{\text{负担的辅助生产费用}} = \frac{\text{该辅助生产车间}}{\text{受益的劳务数量}} \times \frac{\text{交互分配}}{\text{费用分配率}}$$

② 对外分配的计算公式

$$\frac{\text{辅助生产}}{\text{费用分配率}} = \frac{\text{交互分配后的费用}}{\text{辅助生产车间以外的各受益对象的受益总量}}$$

$$\frac{\text{辅助生产车间以外的各受益}}{\text{对象应负担的辅助生产费用}} = \frac{\text{该受益对象}}{\text{的受益数量}} \times \frac{\text{辅助生产}}{\text{费用分配率}}$$

其中：

$$\text{交互分配后的费用} = \text{辅助生产车间发生的费用} + \text{交互分配转入的费用} -$$
$$\text{交互分配转出的费用}$$

采用一次交互分配法分配辅助生产费用，在各辅助生产车间之间进行一次交互分配，提高了计算分配结果的准确性，但计算工作量比直接分配法有所增加。由于交互分配、对外分配的分配率（单位成本）不等，因此一次交互分配法计算分配结果也不是很准确。在各月辅助生产费用水平相差不大的情况下，为了简化计算工作，也可用上月的辅助生产单位成本作为本月交互分配的费用分配率。

（三）代数分配法

代数分配法是根据数学中解多元一次方程组的原理，对辅助生产费用进行分配。采用这种方法，首先计算出各辅助生产车间提供产品或劳务的实际单位成本，再依据各受益对象（包括各辅助生产单位之间相互提供产品或劳务）的受益数量或实际单位成本，计算确定各受益对象应负担的费用。

其分配原则是：按实际单位成本同时对全部受益对象分配费用。

其分配公式为：

$$\begin{array}{c}\text{各受益对象应分} \\ \text{配的辅助生产费用}\end{array} = \begin{array}{c}\text{各该受益对象} \\ \text{的受益数量}\end{array} \times \begin{array}{c}\text{实际单} \\ \text{位成本}\end{array}$$

其中，劳务的实际单位成本根据列方程求得。方程式原理为：

$$\begin{array}{c}\text{辅助生产车间} \\ \text{直接发生的费用}\end{array} + \begin{array}{c}\text{受益的} \\ \text{劳务数量}\end{array} \times \begin{array}{c}\text{受益劳务的} \\ \text{实际单位成本}\end{array} = \begin{array}{c}\text{提供的} \\ \text{劳务总量}\end{array} \times \begin{array}{c}\text{提供劳务的} \\ \text{实际单位成本}\end{array}$$

代数分配法是所有辅助生产费用分配方法中计算结果最准确的一种，但在辅助生产车间较多的企业中，计算工作比较繁琐复杂。因此，这种方法比较适宜在已经实现电算化的企业中采用。

（四）计划成本分配法

采用计划成本分配法分配辅助生产费用分两步处理：第 1 步，各辅助生产车间按计划单位成本对全部受益对象进行费用分配；第 2 步，计算辅助生产实际成本和计划成本之间的差异，并将差异全部记入"管理费用"账户。

其分配原则是：按计划成本对全部受益对象分配费用；结转成本差异。

其计算公式为：

$$\begin{array}{c}\text{各受益对象应负} \\ \text{担的辅助生产费用}\end{array} = \begin{array}{c}\text{各该受益对象} \\ \text{的受益数量}\end{array} \times \begin{array}{c}\text{单位计} \\ \text{划成本}\end{array}$$

$$\begin{array}{c}\text{辅助生产车} \\ \text{间成本差异}\end{array} = \begin{array}{c}\text{辅助生产车间} \\ \text{发生的费用}\end{array} + \begin{array}{c}\text{交互分配} \\ \text{转入的费用}\end{array} - \begin{array}{c}\text{按计划单位成本分} \\ \text{配转出的总计划费用}\end{array}$$
$$= \text{辅助生产车间实际总成本} - \text{辅助生产车间计划总成本}$$

采用计划成本分配法，各辅助生产车间提供产品或劳务的计划单位成本是事先计算确定的，只要统计出辅助生产车间向各受益对象提供的产品或劳务数量，便可依据计划单位成本进行费用分配，而不必等到各辅助生产车间本期实际成本的计算确定，从而加快了成本计算工作。按计划成本分配辅助生产费用，排除了辅助生产实际费用对各受益对象成本的影响，便于考核和分析各受益对象成本计划的执行情况。但采用这种分配方法，各辅助生产车间提供产品或劳务制订的计划单位成本必须比较准确，否则会影响各受益对象成本的准确计算。

（五）顺序分配法

顺序分配法是指各辅助生产车间之间的费用分配是按照受益多少的顺序依次排列，受益少的排在前，先将费用分配出去，受益多的排在后，后将费用分配出去。顺序分配法的辅助生产费用分配表的下线呈梯形，因而这种方法也称为梯形分配法。

采用这种方法，辅助生产费用既要分配给辅助生产以外的受益单位，又要分配给排列在后面的其他辅助生产车间、部门，因而增加了计算工作量，但较之交互分配法简化。由于是单向分配，即排列在前面的辅助生产车间不负担排列在后面的辅助生产车间的费用，因此分配的结果不够准确。这种方法只适用于各辅助生产车间之间相互受益程度有着明显顺序的企业。

习题与实训

一、单项选择题

1. 辅助生车间发生的费用，应按（　　）进行归集。
   A．辅助生产车间
   B．辅助生产的成本项目
   C．全部辅助生产成本车间汇总
   D．辅助生产和基本生产车间汇总

2. 下列方法中，不属于辅助生产费用分配方法的有（　　）。
   A．直接分配法
   B．约当产量比例法
   C．顺序分配法
   D．一次交互分配法

3. 如果辅助生产车间为产品生产而完工的模具入库，应借记的会计科目是（　　）。
   A．基本生产成本
   B．辅助生产成本
   C．原材料
   D．周转材料

4. "辅助生产成本"科目月末（　　）。
   A．一定有余额
   B．如果有余额，余额一定在借方
   C．如果有余额，余额一定在贷方
   D．可能有借方余额，也可能有贷方余额

5. 采用辅助生产费用分配的交互分配法，对外分配的费用总额是（　　）。
   A．交互分配前的费用
   B．交互分配前的费用加上交互分配转入的费用
   C．交互分配前的费用减去交互分配转出的费用
   D．交互分配前的费用加上交互分配转入的费用，减去交互分配转出的费用

6. 采用计划成本分配法，为了简化辅助生产费用的分配，辅助生产成本计划成本和实际成本差异一般全部记入（　　）科目。
   A．基本生产成本
   B．辅助生产成本
   C．制造费用
   D．管理费用

7. 分配辅助生产成本时，分配结果最准确的方法是（　　）。
   A．直接分配法
   B．交互分配法
   C．代数分配法
   D．计划成本分配法

8. 辅助生产费用分配的一次交互分配法，一次交互分配是在（　　）。
   A．辅助生产以外的受益单位之间进行分配
   B．各受益单位之间进行分配
   C．各受益的基本生产车间之间进行分配
   D．各受益的辅助生产车间之间进行分配

9. 辅助生产费用的各种分配方法中，便于考核和分析各受益单位的成本，有利于分清企业内部各单位的经济责任的是（　　）。

    A. 直接分配法　　　　　　　　B. 交互分配法

    C. 代数分配法　　　　　　　　D. 计划成本分配法

10. 采用一次交互分配法，各种辅助生产费用（　　）。

    A. 都要计算一个费用分配率　　B. 都要计算两个费用分配率

    C. 不需要计算费用分配率　　　D. 费用分配率的计算视情况而定

二、多项选择题

1. 企业进行辅助生产费用分配时，可能借记的会计科目有（　　）。

    A. "基本生产成本"科目　　　　B. "辅助生产成本"科目

    C. "制造费用"科目　　　　　　D. "管理费用"科目

2. 下列方法中，不属于辅助生产费用分配方法的有（　　）。

    A. 直接分配法　　　　　　　　B. 约当产量比例法

    C. 分步法　　　　　　　　　　D. 计划成本分配法

3. 下列条件中，属于辅助生产车间的制造费用可以直接记入"辅助生产成本"科目条件的有（　　）。

    A. 制造费用较少　　　　　　　B. 辅助生产车间规模很小

    C. 辅助生产车间数量少　　　　D. 辅助生产车间不对外单位提供产品或劳务

4. 辅助生产费用分配的一次交互分配法，具有的特点是（　　）。

    A. 核算工作十分简便　　　　　B. 核算工作量大

    C. 核算结果较正确　　　　　　D. 需要计算两个费用分配率

5. 采用代数分配法分配辅助生产费用，（　　）。

    A. 能够提供准确的分配计算结果

    B. 能够简化费用的分配计算工作

    C. 便于分析考核各受益单位的成本

    D. 适用于实行电算化的企业

6. 下列费用在发生时，可以记入"辅助生产成本"科目的有（　　）。

    A. 辅助生产车间领用的材料　　B. 辅助生产车间发生的办公费

    C. 辅助生产车间发生的维修费　D. 辅助生产车间发生的业务招待费

7. 采用顺序分配法分配辅助生产费用时，辅助生产应该（　　）。

    A. 按车间规模大小顺序排列

    B. 按车间受益多少顺序排列

    C. 按车间规模大小或受益多少顺序排列

    D. 受益少的车间先将费用分配出去

8. 辅助生产费用分配的直接分配法，具有（　　）的特点。

    A. 核算工作简便　　　　　　　B. 核算工作量最大

    C. 核算结果最准确　　　　　　D. 是辅助生产费用分配最基本的分配方法

9．在辅助生产费用分配方法中，考虑了辅助生产单位之间交互分配费用的方法有（　　　　）。

A．直接分配法　　　　　　　B．一次交互分配法

C．代数分配法　　　　　　　D．计划成本分配法

10．采用直接分配法分配辅助生产费用时，分配结转辅助生产费用的会计分录中对应的借方科目主要有（　　　　　）。

A．"基本生产成本"科目　　　B．"辅助生产成本"科目

C．"制造费用"科目　　　　　D．"管理费用"科目

三、判断题（正确的画√，错误的画×）

1．直接分配法也需要考虑各辅助生产车间相互提供产品或劳务的情况。　　　　　　（　）

2．如果辅助生产车间不生产产品仅提供劳务，则本期发生的费用应于期末全部分配转出。　　　　　　（　）

3．采用计划成本分配法分配辅助生产费用，辅助生产的成本差异可全部记入"管理费用"科目。　　　　　　（　）

4．采用直接分配法分配辅助生产费用，就是"只对外不对内"。（　）

5．在辅助生产费用分配方法中，计算结果最准确的方法是交互分配法。（　）

6．在企业只有一个辅助生产车间的情况下，才能采用辅助生产费用分配的直接分配法。　　　　　　（　）

7．辅助生产车间提供的产品或劳务都是为基本生产服务的。（　）

8．采用计划成本分配法分配辅助生产费用，不必在辅助生产车间之间进行交互分配。　　　　　　（　）

9．辅助生产费用的交互分配法核算简便，有利于考核辅助生产费用计划的完成情况。　　　　　　（　）

10．采用计划成本分配法分配辅助生产费用时，发生的成本差异应等于本期分配前的实际成本减去分配出去的计划成本的差额。　　　　　　（　）

四、简答题

1．什么是辅助生产成本？它的核算程序是什么？

2．辅助生产成本分配的特点是什么？

3．什么是直接分配法？它是如何分配辅助生产成本的？

4．采用计划成本分配法分配辅助生产费用，辅助生产的成本差异应记入哪个科目？

5．在辅助生产费用分配方法中，哪种方法计算结果最准确？

6．交互分配法的分配原则是什么？

在线测试

五、实训题

实　训　一

目的：实训辅助生产费用的归集和分配。

资料: 某企业设有供电和修理两个辅助生产车间,主要为基本生产车间(机械加工车间、冲床车间)和行政管理等部门提供服务。供电和修理两个辅助生产车间发生的制造费用不通过"制造费用"科目核算。2017年6月发生生产费用如下。

1. 根据原材料费用分配表,供电车间分配原材料费用 3 600 元,修理车间分配原材料费用 2 400 元。

2. 根据外购动力费用分配表,本月应付外购动力费用 10 400 元,应交增值税 1 768 元。其中,供电车间应分配 4 800 元,修理车间应分配 5 600 元。

3. 根据职工薪酬分配表,供电车间生产工人工资为 31 000 元,修理车间生产工人工资为 28 000 元,按工资总额的 10%、2%、2.5%和 15%的比例计提职工住房公积金、工会经费、职工教育经费和社会保险费。

4. 根据折旧费用分配表,供电车间本月应提取折旧费 5 200 元,修理车间 4 420 元。

5. 本月用银行存款支付其他费用为:供电车间办公费 1 485 元,劳动保护费 1 590 元,其他费用 1 740 元;修理车间办公费 1 340 元,劳动保护费 1 460 元,其他费用 1 470 元。

6. 各辅助生产车间提供的劳务及受益对象如表 3-1 所示。

表 3-1 各辅助生产车间提供的劳务及受益对象情况

受 益 对 象		供电车间/度	修理车间/小时
供电车间			200
修理车间		2 000	
机械加工车间	A 产品耗用	7 500	
	一般耗用	2 600	700
冲床车间	B 产品耗用	5 000	
	一般耗用	1 800	500
行政管理部门		1 700	170
在建工程		1 400	130
合 计		22 000	1 700

要求:

1. 根据以上资料,逐题编制记账凭证。

2. 登记辅助生产成本明细账,如表 3-2 和表 3-3 所示。

表 3-2 辅助生产成本明细账

车间:供电车间　　　　　　　　　　　　　　　年　月　　　　　　　　　　　　　　　元

年		凭证字号	摘 要	材料费	燃料和动力	职工薪酬	折旧费	其他费	合 计
月	日								
			领料费用						
			外购动力费用						
			职工薪酬						
			各项薪酬附加费						
			折旧费						
			其他费用						
			本月合计						

表 3-3　辅助生产成本明细账

车间：修理车间　　　　　　　　　　　　　年　　月　　　　　　　　　　　　　　　元

年		凭证字号	摘　要	材料费	燃料和动力	职工薪酬	折旧费	其他费	合　计
月	日								
			领料费用						
			外购动力费用						
			职工薪酬						
			各项薪酬附加费						
			折旧费						
			其他费用						
			本月合计						

3. 采用直接分配法分配辅助生产费用，登记辅助生产费用分配表，如表 3-4 所示。

表 3-4　辅助生产费用分配表（直接分配法）

年　　月　　　　　　　　　　　　　　　元

辅助生产车间名称			供电车间	修理车间	合　计
待分配费用					
劳务数量					
费用分配率					
机械加工车间耗用	A产品	数量			
		金额			
	一般耗用	数量			
		金额			
冲床车间耗用	B产品	数量			
		金额			
	一般耗用	数量			
		金额			
行政管理部门耗用		数量			
		金额			
在建工程耗用		数量			
		金额			
分配金额合计					

4. 编制辅助生产费用分配的会计分录。

实　训　二

目的： 实训辅助生产费用分配方法的运用。

资料： 假设某工业企业设有锅炉、供电两个辅助生产车间，主要为基本生产车间和行政管理部门服务。根据辅助生产成本明细账资料，4 月份锅炉车间发生费用 10 800 元，供电车间发生费用 88 400 元。该企业辅助生产车间的制造费用不通过"制造费用"科目核算，提供劳务数量如表 3-5 所示。

表 3-5 辅助生产车间劳务供应汇总表

受 益 单 位	供汽数量/立方米	供电数量/度
辅助生产车间:		
其中：锅炉车间		5 000
供电车间	500	
基本生产车间：		
其中:甲产品	1 200	40 000
乙产品	1 700	25 000
一般耗用	200	10 000
行政管理部门	900	5 000
合 计	4 500	85 000

要求：

1. 用直接分配法分配辅助生产费用（见表 3-6），并编制有关会计分录。

表 3-6 辅助生产费用分配表（直接分配法）

年   月   元

辅助生产车间名称			锅 炉	供 电	合 计
待分配费用					
辅助生产车间以外受益对象的劳务总量					
费用分配率					
基本生产车间耗用	甲产品耗用	数量			
		金额			
	乙产品耗用	数量			
		金额			
	车间一般耗用	数量			
		金额			
行政管理部门耗用		数量			
		金额			
分配金额合计					

2. 用一次交互分配法分配辅助生产费用（见表 3-7），并编制有关会计分录。

表 3-7 辅助生产费用分配表（一次交互分配法）

年   月   元

项 目			交 互 分 配			对 外 分 配		
辅助生产车间名称			锅 炉	供 电	合 计	锅 炉	供 电	合 计
待分配费用								
劳务数量								
费用分配率								
辅助生产车间耗用	锅炉车间	数量						
		金额						
	供电车间	数量						
		金额						
小 计								
基本生产车间耗用	甲产品	数量						
		金额						

（续表）

项 目		交 互 分 配			对 外 分 配		
辅助生产车间名称		锅 炉	供 电	合 计	锅 炉	供 电	合 计
乙产品	数量						
	金额						
一般耗用	数量						
	金额						
行政管理部门耗用	数量						
	金额						
分配金额合计							

3. 用计划成本分配法分配辅助生产费用（见表 3-8），并编制有关会计分录。已知：每吨蒸汽计划成本 3.80 元，每度电计划成本 1 元。

表 3-8　辅助生产费用分配表（计划成本分配法）

年　　月　　　　　　　　　　　　　　　　　　　　　　　元

项　目		锅 炉 车 间		供 电 车 间		合　计
		数　量	金　额	数　量	金　额	
待分配的费用和数量						
计划单位成本						
辅助生产车间	锅炉车间					
	供电车间					
基本生产车间	甲产品耗用					
	乙产品耗用					
	车间一般耗用					
行政管理部门						
按计划单位成本分配合计						
辅助生产实际成本						
成本差异						

项目四
制造费用的归集和分配

一、制造费用的内容

制造费用是企业生产车间（部门）为生产产品和提供劳务而发生的，应该计入产品成本，但没有专设成本项目的各项生产费用。

制造费用大部分是间接用于产品生产的费用。例如，机物料消耗、车间生产用房屋和建筑物的折旧费、租赁费和保险费，车间生产用的照明费、取暖费、运输费、劳动保护费，以及季节性停工和生产用固定资产修理期间的停工损失等。

制造费用还包括直接用于产品生产，但管理上不要求或核算上不便于单独核算，因而没有专设成本项目的费用。例如，机器设备的折旧费、租赁费和保险费，生产工具摊销，设计制图费和试验检验费等。

此外，制造费用还包括车间用于组织和管理生产的费用。例如，车间管理用房屋和建筑物的折旧费、车间管理人员的薪酬、车间办公费、差旅费等。

按照财政部 2013 年颁布的《产品成本核算制度（试行）》的规定，工业企业的制造费用包括以下支出。

① 生产部门发生的机物料消耗。

② 生产部门管理人员的职工薪酬。

③ 产品生产用固定资产或生产场地的折旧费、租赁费等。

④ 生产部门的办公费、水电费等。

⑤ 季节性和修理期间的停工损失。

⑥ 产品生产用的自行开发或外购的无形资产摊销。

⑦ 与产品生产直接相关的税金。

⑧ 有关资源的使用费。

⑨ 弃置费用和排污费等有关环境保护和生态恢复支出。

⑩ 为购进或生产产品发生的符合资本化条件的借款费用。

⑪ 应分期计入产品成本的技术转让费，包括许可证费、设计费，以及为制造引进产品而支付的职工技术培训费。

⑫ 企业按照规定可以计入产品成本的测试手段等支出。

制造费用由于大多同产品的生产工艺没有直接关系，而且一般是间接计入费用，因此不能或不便于按照产品制定定额。当制造费用发生时，只能按照车间、部门和费用项目先进行归集，月终时再采用一定的方法在各成本计算对象间进行分配，计入各成本计算对象的成本中。因此，正确归集和分配制造费用，对于产品成本计算及成本管理和控制具有非常重要的意义。

二、制造费用的归集

为了分析和考核各生产车间和分厂制造费用预算的执行情况，应分别设置各生产车间和分厂制造费用明细分类账户，反映各生产车间制造费用的发生和分配情况。同时，在制造费用明细账户中按照费用的明细项目设置专栏。同行业的明细项目应力求统一，一旦确定了明细项目，就不宜经常改变。

制造费用的归集是按月进行的，并通过“制造费用”明细账户的借方归集基本生产车间发生的各项间接生产费用。

三、制造费用的分配方法

分配制造费用的方法很多通常采用的方法有：生产工人工时比例法、生产工人工资比例法、机器工时比例法和年度计划分配率法等。

（一）生产工人工时比例法

生产工人工时比例法是指按照各种产品所用生产工人实际工时数的比例分配制造费用

的方法。这种方法能够将劳动生产率同产品负担的费用水平联系起来，使分配结果较为合理。其计算公式为：

$$制造费用分配率 = \frac{本期发生的实际制造费用}{该车间生产工人工时总和}$$

$$某产品应负担制造费用 = 制造费用分配率 \times 该产品生产工人工时$$

（二）生产工人工资比例法

生产工人工资比例法是指按照计入各种产品成本的生产工人实际工资的比例分配制造费用的方法。由于工资成本分配表可以直接提供生产工人工资资料，因此采用这种分配方法核算工作比较简便。它适用于各种产品生产的机械化程度相差不大的产品。

这种方法以各种（批、类）产品所耗用的生产工人工资成本作为标准进行制造费用的分配。其计算公式为：

$$制造费用分配率 = \frac{本期发生的实际制造费用}{该车间生产工人工资总额}$$

$$某产品负担的制造费用 = \frac{制造费用}{分配率} \times \frac{该产品生产}{工人工资}$$

（三）机器工时比例法

机器工时比例法是指按照生产各种产品所用机器设备运转时间的比例分配制造费用的方法。这种方法适用于产品生产的机械化程度较高的车间，因为在这种车间中，折旧费用、修理费用的大小同机器运转的时间有密切的联系。采用这种方法，必须具备各种产品所用机器工时的原始记录，以保证工时的准确性。该方法的计算程序、原理同生产工时比例法基本相同。其计算公式为：

$$制造费用分配率 = \frac{本期发生的制造费用总额}{该机器生产工时总数}$$

$$某产品负担的制造费用 = \frac{制造费用}{分配率} \times \frac{该产品所用}{机器工时数}$$

（四）年度计划分配率法

年度计划分配率法是指，按照年度开始前确定的全年度适用的计划分配率分配制造费用的方法。假定以定额工时作为分配标准，其计算的公式为：

年度计划分配率 = 年度制造费用计划总额 ÷ 年度各种产品计划产量的定额工时总数

某月某产品应负担的制造费用 = 该月该产品实际产量的定额工时数 × 年度计划分配率

在这种分配方法下，"制造费用"科目平时各月份可能有余额，余额可能在借方，也可能在贷方。这个差异平时一般不调整，除非出现差异异常。年末，将其制造费用余额分配结转到"基本生产成本"科目的借方，如果实际发生的制造费用大于按年度计划分配率分配的制造费用，用蓝字结转；反之，用红字结转。这种方法适用于季节性生产的企业。

习题与实训

一、单项选择题

1. 下列项目中,属于制造费用的是(   )。
    A. 生产工人的计件工资   B. 企业管理人员的工资
    C. 车间管理人员的工资   D. 生产工人的计时工资

2. 下列制造费用分配方法中,使制造费用账户可能出现余额的是(   )。
    A. 年度计划分配率法   B. 机器生产工时比例法
    C. 生产工人工资比例法   D. 生产工人工时比例法

3. 某公司是季节性生产企业,且管理比较先进,该企业为正确核算产品成本,应当采用的制造费用分配方法是(   )。
    A. 生产工人工时比例法   B. 产成品产量比例法
    C. 生产工人工资比例法   D. 年度计划分配率法

4. 生产车间发生的业务招待费应记入(   )科目。
    A. 制造费用   B. 基本生产成本
    C. 辅助生产成本   D. 管理费用

5. 按机器工时比例分配制造费用,要求(   )。
    A. 产品生产的机械化程度低
    B. 产品生产的机械化程度有差别
    C. 产品生产的机械化程度高
    D. 不考虑产品生产的机械化程度

6. 如果同一车间生产若干产品的机械化程度相差不大,则对该车间发生的制造费用宜采用的分配方法是(   )。
    A. 生产工人工时比例法   B. 机器生产工时比例法
    C. 生产工人工资比例法   D. 年度计划分配率法

7. 某工业企业本期归集的制造费用应在(   )。
    A. 整个企业进行分配
    B. 所有生产的产品之间进行分配
    C. 本车间生产的产品之间进行分配
    D. 全年生产的产品之间进行分配

8. 在实现机器人自动化生产线的企业,制造费用项目金额最大的是(   )。
    A. 机物料消耗   B. 固定资产折旧费
    C. 车间管理人员的薪酬   D. 动力费用

9. 机器工时分配法适用于(   )的生产单位。
    A. 制造费用中机物料消耗较大

B. 机器设备折旧费比重较大

C. 车间管理人员的薪酬比重较大

D. 制造费用中的其他费用比重较大

10. 采用生产工人工时分配法分配制造费用时，分配标准是（　　）。

    A. 该生产单位产品生产工人工时

    B. 该企业产品生产工人实际工时

    C. 该生产单位单位产品生产工时

    D. 该生产单位产品生产定额工时

二、多项选择题

1. 下列费用中，属于制造费用的有（　　）。

    A. 机器设备折旧费　　 B. 车间照明用电费用

    C. 产品"三包"费用　　 D. 车间日常消耗的材料费用

2. 下列项目中，可以计入制造费用的有（　　）。

    A. 生产车间管理人员薪酬　　 B. 机物料消耗

    C. 劳动保护费　　 D. 车间照明费用

3. 制造费用分配的方法有（　　）。

    A. 生产工人工时比例法　　 B. 机器工时比例法

    C. 生产工人工资比例法　　 D. 年度计划分配率法

4. 制造费用可能属于（　　）。

    A. 直接费用　　 B. 间接费用

    C. 期间费用　　 D. 成本类账户

5. 工业企业的制造费用分配不应该（　　）。

    A. 在企业范围内统一分配　　 B. 按车间分别进行分配

    C. 在所有生产车间分配　　 D. 按班组进行分配

6. "制造费用"科目月末（　　）。

    A. 通常没有余额　　 B. 也可能有余额

    C. 余额一定在借方　　 D. 以上都不正确

7. 下列项目中，属于"制造费用"明细科目单独核算的有（　　）。

    A. 直接材料　　 B. 直接人工

    C. 机物料消耗　　 D. 折旧费

8. 下列关于制造费用的说法正确的有（　　）。

    A. 制造费用大部分是间接用于产品生产的费用

    B. 制造费用包括车间管理和组织生产的费用

    C. 制造费用大多数同产品的生产工艺没有直接联系

    D. 制造费用还包括直接用于产品生产，但管理上不要求单独核算的费用

三、判断题（正确的画√，错误的画×）

1. 企业发生的制造费用可以在全厂范围内进行分配。　　　　　　　　　　（　　）

2. 制造费用账户不核算企业发生的产品研究开发费用。（　　）

3. 基本生产车间发生的费用必须设置"制造费用"账户核算。（　　）

4. 生产车间发生的照明费用应记入"制造费用"科目。（　　）

5. 当某生产单位只生产一种产品或只提供一种劳务时，该生产单位归集的制造费用全部由该产品负担，计入该产品的成本。（　　）

6. 制造费用都是间接计入费用。（　　）

7. 生产工人工时比例法分配制造费用适用于各种产品生产机械化程度大致相同的情况。（　　）

8. "制造费用"科目月末可能有余额，既可能出现借方余额，也可能出现贷方余额。
（　　）

9. 采用年度计划分配率分配法分配制造费用，制造费用明细账年末应留有余额。
（　　）

10. 企业制造费用分配方法一经确定，不得随意变更。（　　）

四、简答题

1. 什么是制造费用？它包括的主要项目有哪些？

2. 制造费用的分配方法有哪些？

3. 生产工人工资比例法和生产工人工时比例法各适合什么企业？

4. 采用年度计划分配率分配法分配制造费用，为什么"制造费用"科目月末有余额？

5. 年度计划分配率是如何确定的？在一个年度内是否允许调整？

在线测试

五、实训题

实 训 一

目的： 实训制造费用的分配。

资料： 某基本生产车间生产甲、乙、丙 3 种产品，共耗用生产工时 22 000 小时。其中，甲产品 7 500 小时，乙产品 8 500 小时，丙产品 6 000 小时。本月发生的制造费用总额为 77 000 元。

要求：

1. 编制制造费用分配表，如表 4-1 所示。

表 4-1　制造费用分配表

借方账户	生产工时	分配率/%	分配金额/元
基本生产成本——甲			
基本生产成本——乙			
基本生产成本——丙			
合　计			

2. 编制制造费用分配的会计分录。

实 训 二

目的：实训制造费用的归集和分配。

资料：红光工厂设有一个基本生产车间，生产甲、乙两种产品。本月发生的有关制造费用资料如下。

1. 根据原材料费用分配表，本月领用辅助材料 4 000 元用于车间一般性消耗。

2. 根据外购动力费分配表，车间照明及动力用电应付外购动力费 5 000 元，增值税 850 元。

3. 根据职工薪酬计算分配表，车间管理人员工资为 50 000 元，按工资总额计提 10%职工住房公积金、8%社会保险费、2.5%的职工教育经费和 2%的工会经费。

4. 根据折旧费用分配表，本月应计提折旧 6 000 元。

5. 根据长期待摊费用分配表，本月应摊销的经营租入固定资产的租赁费 2 000 元。

6. 根据辅助生产费用分配表，应负担运输车间分配转入的费用 4 500 元。

7. 本月用银行存款支付其他费用，包括办公费 1 600 元、劳动保护费 1 400 元、其他支出 1 575 元。

8. 按机器工时比例分配制造费用。其中，甲产品耗用 2 500 小时，乙产品耗用 1 500 小时。

要求：

1. 根据以上资料，逐题编制记账凭证。

2. 登记制造费用明细账，如表 4-2 所示。

表 4-2 制造费用明细账

户名：   元

日期	凭证字号	摘　要	材料费	动力费	职工薪酬	折旧费	办公费	劳保费	其　他	小　计
		领材料								
		外购动力								
		职工薪酬								
		折旧费								
		租赁费								
		运输费								
		劳保费								
		办公费								
		其他支出								
		合　计								

3. 编制制造费用分配表，如表 4-3 所示。

表 4-3 制造费用分配表

借 方 账 户	机 器 工 时	分配率/%	分配金额/元
基本生产成本——甲			
——乙			
合　计			

实 训 三

目的：实训年度计划分配率法分配制造费用。

资料：某企业基本生产车间的有关资料如表 4-4 所示。

表 4-4 基本生产车间的产量及定额资料

产 品 名 称	年度预算产量/件	单件产品定额工时	1 月份实际产量/件
A 产品	4 000	5	600
B 产品	2 400	3	120

该年度制造费用预算总额为 122 400 元，1 月份实际制造费用为 9 400 元。本年度实际发生的费用总额为 126 828 元。

要求：

1. 计算年度计划分配率。

2. 计算 1 月份 A、B 产品负担的制造费用。

3. 假定 1—12 月已累计分配制造费用 121 950 元（其中，甲产品实际产量 4 100 件，分配 92 250 元；乙产品实际产量 2 200 件，分配 29 700 元），超支差异 4 878 元。那么，本年度的差异额应如何分配给 A、B 两产品？

4. 编制年末调整制造费用差异的会计分录。

项目五
生产损失的核算

一、废品损失的核算

（一）废品损失的定义及范围

废品损失是指在生产过程中发现的和入库后发现的不可修复废品的生产成本，以及可修复废品的修复费用，扣除回收的废品残料价值和应由过失单位或个人赔偿以后的损失。

下列项目不作为废品损失核算。

① 经过质量检验部门鉴定不需要返修、可以降价出售的不合格品，不应作为废品损失处理。

② 产成品入库后，由于保管不善等原因而损坏变质的损失，应作为管理费用处理，也不作为废品损失处理。

③ 实行包退、包修、包换"三包"的企业，在产品出售以后出现的废品所发生的一切损失，应作为销售费用处理，不包括在废品损失内。

（二）不可修复废品损失的核算

进行不可修复废品损失的核算，应先计算截至报废时已经发生的废品生产成本，然后扣除残值和应收赔款，计算出废品损失。不可修复废品损失的生产成本，可按废品所耗实际费用计算，也可按废品所耗定额费用计算。

（三）可修复废品损失的核算

可修复废品在返修之前发生的生产费用，不是废品损失，不必计算其生产成本，而应留在"基本生产成本"科目和所属有关产品成本明细账中，不必转出。可修复废品损失主要是修复费用，包括废品修复发生的材料费用、人工费用和制造费用等。

二、停工损失的核算

（一）停工损失的定义及范围

停工损失是指在生产车间或车间内某个班组在停工期间发生的各项费用，包括停工期间发生的原材料费用、人工费用和制造费用等。应由过失单位和保险公司负担的赔款，应从停工损失中扣除。不满一个工作日的停工，一般不计算停工损失。

企业的停工可以分为正常停工和非正常停工。正常停工包括季节性停工、正常生产周期内的修理期间的停工、计划内减产停工等；非正常停工包括原材料或工具等短缺停工、设备故障停工、电力中断停工、自然灾害停工等。季节性停工、修理期间的正常停工费用在产品成本核算范围内，应计入产品成本；非正常停工费用应计入企业当期损益（营业外支出）。

（二）停工损失的核算

单独核算停工损失的企业，应设置"停工损失"科目，在成本项目中增设"停工损失"项目进行归集。期末，将停工净损失从该科目贷方转出，"停工损失"科目月末应无余额。

不单独核算停工损失的企业，不设立"停工损失"科目，直接反映在"制造费用"和"营业外支出"等科目中。辅助生产一般不单独核算停工损失。

习题与实训

一、单项选择题

1. 下列项目中，属于废品损失核算范围的是（   ）。

 A．生产过程中发现的不可修复废品的生产成本

 B．出售不合格品的降价损失

 C．产品销售后的修理费用

D．库存商品因自然灾害导致的损失

2．下列各项中，不应计入废品损失的是（　　）。

A．不可修复废品的生产成本　　　　B．用于修复废品的材料费用

C．用于修复废品的人工费用　　　　D．可修复废品的生产成本

3．下列各项中，不应计入停工损失的是（　　）。

A．季节性停工　　　　　　　　　　B．大修理停工

C．自然灾害停工　　　　　　　　　D．计划减产停工

4．下列各项中，不应计入废品损失的是（　　）。

A．不可修复废品的生产成本　　　　B．用于修复废品的材料费用

C．用于修复废品的人工费用　　　　D．回收废品的残料价值

5．在设置"废品损失"科目的企业中，月末应将"废品损失"科目的借方余额转入（　　）科目。

A．基本生产成本　　　　　　　　　B．制造费用

C．管理费用　　　　　　　　　　　D．营业外支出

6．在不设"废品损失"科目的情况下，回收残料价值时，应贷记的会计科目为（　　）。

A．废品损失　　　　　　　　　　　B．制造费用

C．基本生产成本　　　　　　　　　D．原材料

7．"废品损失"科目月末（　　）。

A．一定没有余额

B．如果有余额，余额一定在借方

C．如果有余额，余额一定在贷方

D．可能有借方余额，也可能有贷方余额

8．下列各项中，应计入产品成本的停工损失的是（　　）。

A．由于暴雨造成的停工损失

B．由于环境污染整治而发生的损失

C．可以由责任人赔偿的停工损失

D．固定资产大修理期间的停工损失

二、多项选择题

1．下列项目中，不属于废品损失核算范围的是（　　）。

A．生产过程中发现的不可修复废品的生产成本

B．出售不合格品的降价损失

C．产品销售后的修理费用

D．产品入库后因管理不善导致的霉烂变质损失

2．下列各项中，应计入废品损失的是（　　）。

A．不可修复废品的生产成本　　　　B．用于修复废品的材料费用

C．用于修复废品的人工费用　　　　D．可修复废品的生产成本

3．下列关于废品损失的说法正确的有（　　）。

A．废品在报废以前发生的各项费用是同合格产品一起计算的

B．应将本期发生的生产费用在合格品和废品之间进行分配

C．计算出废品的实际成本，从"基本生产成本"科目转入到"废品损失"科目

D．计算的废品净损失从"废品损失"科目转入到"基本生产成本"科目

4．"废品损失"科目的借方登记的内容有（　　　　）。

A．可修复废品的生产成本　　　　B．可修复废品的修复费用

C．不可修复废品的生产成本　　　D．回收废品的残料价值

5．下列各项中，在计算废品损失时应扣除的是（　　　　）。

A．回收的可修复废品的废料价值

B．回收的不可修复废品的废料价值

C．不可修复废品的生产成本

D．应收的废品赔偿款

6．企业在月末结转停工损失时，可能借记的科目有（　　　　）。

A．"基本生产成本"科目　　　　B．"制造费用"科目

C．"营业外支出"科目　　　　　D．"其他应收款"科目

7．下列各项中，可以作为不可修复废品生产成本的有（　　　　）。

A．废品的实际成本　　　　　　B．废品的残料成本

C．废品的定额成本　　　　　　D．废品的应收赔款

8．下列关于停工损失的说法正确的有（　　　　）。

A．停工损失是指在生产车间或车间内某个班组在停工期间发生的各项费用

B．不满一个工作日的停工，一般不计算停工损失

C．正常停工费用在产品成本核算范围内，应计入产品成本

D．非正常停工费用应计入企业当期损益

三、判断题（正确的画√，错误的画×）

1．凡是经过修理可以使用的废品，即为可修复废品。（　　）

2．如果不可修复废品是在完工后发现的，则可以按照合格品产量和废品数量比例分配各项生产费用。（　　）

3．在不单独核算废品损失的情况下，合格品的各个成本项目中均可能包括废品损失。（　　）

4．"废品损失"科目的月末余额一定为0。（　　）

5．"停工损失"科目的月末余额一定无余额。（　　）

6．结转不可修复废品的生产成本时，应借记"废品损失"科目，贷记"基本生产成本"科目。（　　）

7．企业发生废品损失后，一定会增加产品总成本和单位成本。（　　）

8．辅助生产一般不单独核算停工损失。（　　）

9．不满一个工作日的停工，一般不计算停工损失。（　　）

10．可修复废品在返修之前发生的生产费用，也属于废品损失。（　　）

四、简答题

1. 什么是废品损失？它包括哪些内容？
2. 如何确定可修复废品的生产成本和净损失？
3. 不可修复废品损失的生产成本应该如何计算？
4. 如何分配转出"废品损失"？
5. "废品损失"和"停工损失"科目的月末余额一定无余额吗？为什

么？

在线测试

五、实训题

实 训 一

目的： 实训不可修复废品损失的核算。

资料： 某工业企业对产生的废品损失单独设置"废品损失"科目进行核算。不可修复废品采用定额成本计算法。有关资料如下。

1. 生产 A 产品过程中发现不可修复废品 10 件。
2. 每件产品的原材料定额费用 50 元。
3. 不可修复废品的定额工时合计 120 小时。.
4. 每小时的职工薪酬 45 元，折旧费 12 元，其他制造费用 30 元。
5. 不可修复废品回收的残料价值 1 200 元。
6. 应由过失人赔偿损失金额 1 500 元，款尚未收到。

要求：

1. 计算不可修复废品的生产成本。
2. 计算不可修复废品的净损失。
3. 编制同不可修复废品相关的会计分录。

实 训 二

目的： 实训可修复废品损失的核算。

资料： 某工业企业对产生的废品损失单独设置"废品损失"科目进行核算。有关资料如下。

1. 根据本月耗用材料汇总表提供的资料，修复 B 产品领用材料实际成本为 2 500 元。
2. 根据本月人工费用分配表提供的资料，修复 B 产品实际耗用 200 小时，每小时的直接人工费用为 28 元。
3. 根据本月折旧费用分配表提供的资料，修复 B 产品应负担的折旧费为 40 元。
4. 根据本月制造费用分配表提供的资料，修复 B 产品应负担的制造费用为 600 元。
5. 按企业规定，应由过失人赔偿 800 元，款尚未收到。

要求：

1. 计算可修复废品的修复费用。
2. 计算可修复废品的净损失。
3. 编制与可修复废品相关的会计分录。

项目六
生产费用在完工产品和在产品之间的归集及分配

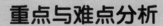

重点与难点分析

一、在产品和完工产品的含义

（一）在产品的含义

在产品就是尚未加工完成的产品，包括广义在产品和狭义在产品。

1. 广义在产品

广义在产品是指从投产开始至尚未制成最终产品入库的一切产品，包括正在加工过程中的在制品、已完成一个或几个生产步骤还需继续加工的半成品、已完工但尚未入库的完工产品、正在返修或等待返修的废品等。广义在产品是就整个企业来说的，如某汽车生产企业，一车间生产汽车底盘，二车间生产发动机，三车间生产轮胎，四车间进行汽车装配。相对于汽车而言，前 3 个车间生产的完工产品和在产品都是广义的在产品。

2．狭义在产品

狭义在产品仅指各生产单位或车间正在加工中的产品。本项目所讲的在产品是指狭义的在产品。

（二）完工产品的含义

由于在产品有广义和狭义的区别，完工产品也有广义和狭义的不同。狭义完工产品仅指最后步骤或成品车间生产完成的产品，即产成品；广义完工产品不仅包括本步骤或本车间生产完成的产品，也包括最后步骤生产完成的产品。本项目所说的完工产品是指广义的完工产品。

二、完工产品成本和在产品成本计算的模式

月初在产品成本、本月生产费用、本月完工产品成本和月末在产品成本之间的关系可用下式表示。

月初在产品成本＋本月生产费用＝本月完工产品成本＋月末在产品成本

月初在产品费用可以从月初会计账簿记录中取得，它实际上是上期核算在产品和产成品成本的结果；本月生产费用可以通过前面述及的费用归集分配方法得出，这样等式的左边就是一个已知数。等式右边的两个指标，一般有以下 3 种计算模式。

（一）顺算法

所谓顺算法，就是先计算完工产品成本，然后将生产费用合计减去完工产品成本，其余额就是月末在产品成本。

（二）逆算法

所谓顺算法，就是先计算月末在产品成本，将生产费用合计减去月末在产品成本，其余额就是完工产品成本。

（三）同时计算法

所谓同时计算法，就是采用适当的分配标准，计算共同的分配率，同时计算出完工产品成本和月末在产品成本。

在实际工作中，人们习惯采用逆算法和同时计算法，而不采用顺算法，主要是为了消除计算误差对各期成本的影响。

三、影响生产费用在完工产品和在产品之间的因素

影响生产费用在完工产品和在产品之间分配的因素有：在产品数量的多少、各月在产品数量变化的大小、各项成本比重的大小，以及定额管理基础的好坏等具体条件。应采用

适当的分配方法，将生产成本在完工产品和在产品之间进行分配。

四、生产费用在完工产品和在产品之间的分配方法

常用的分配方法有：不计算在产品成本法、在产品按固定成本计价法、在产品按所耗直接材料成本计算法、在产品按定额成本计价法、在产品按完工产品成本计算法、约当产量比例法和定额比例法等。

（一）在产品按所耗原材料成本计算法

在产品按所耗原材料成本计算法，就是月末在产品只计算所耗的原材料费用，不计算直接人工和制造费用等加工费，产品的加工费全部由完工产品负担。

这种方法适用于各月在产品数量较多，月末在产品数量变化较大，且原材料费用在产品成本中所占比重较大的产品。

其计算公式为：

$$单位产品原材料成本=\frac{月初原材料费用＋本月发生的原材料费用}{完工产品数量＋月末在产品产量}$$

$$月末在产品成本=月末在产品数量×单位产品原材料成本$$

$$完工产品某项目实际成本=月初在产品材料费用＋本月生产费用－月末在产品成本$$

（二）在产品成本按定额成本计价法

这种分配方法按照预先制定的定额成本计算月末在产品成本，产品的月初在产品费用加上本月生产费用，减去月末在产品的定额成本，其余额为完工产品成本。显然，每月生产费用脱离定额的差异，全部由完工产品负担。

这种方法适用于定额管理基础较好，各项消耗定额比较准确、稳定，而且各月在产品数量变动不大的产品。

在产品定额成本的计算公式为：

$$在产品直接材料定额成本=在产品数量×单位材料定额$$

$$在产品直接人工定额成本=在产品数量×单位人工定额$$

$$在产品制造费用定额成本=在产品数量×单位制造费用定额$$

（三）定额比例法

定额比例法是产品的生产费用按完工产品和月末在产品的定额消耗量或定额费用的比例，分配计算完工产品和月末在产品成本的一种方法。

这种方法适用于各项消耗定额比较健全、稳定，定额管理基础比较好，各月末在产品数量变化较大的产品。

定额比例法的计算公式为：

$$分配率=\frac{月初在产品成本＋本月生产费用}{本月完工产品定额耗用量或定额成本＋月末在产品定额耗用量或定额成本}$$

$$完工产品某项目实际成本=该项目费用分配率×完工产品该项目定额消耗量（或定额成本）$$

月末在产品某项目实际成本＝该项目费用分配率×
月末在产品该项目定额消耗量（或定额成本）

（四）约当产量比例法

1. 约当产量比例法的含义及适用范围

约当产量是指月末在产品数量按其完工程度或投料程度折算为相当于完工产品的数量。

按完工产品产量同月末在产品约当产量的比例分配计算完工产品成本同月末在产品成本的方法，称为约当产量比例法。

约当产量比例法适用于月末在产品数量较大，各月末在产品数量变化也较大，产品成本中直接材料成本、直接人工成本和制造费用的比重相差不多的产品。

2. 约当产量的计算

原材料费用项目约当产量的确定，取决于产品生产过程中的投料情况。其计算公式为：

$$原材料项目在产品约当产量＝在产品数量×投料程度$$

如果材料是在生产开始时一次投入的，则投料程度为100%。此时，原材料费用可按完工产品和在产品的数量平均分配；如果原材料是在生产过程中分次或陆续投入的，则需采用一定的方法估算投料程度。

其他成本项目约当产量的确定，取决于加工程度。其计算公式为：

$$其他成本项目在产品约当产量＝在产品数量×完工程度$$

3. 约当产量比例法的应用

在约当产量比例法下，完工产品和月末在产品应分配的各项加工费用，一般不能按照它们的数量比例直接分配，而是要按约当产量进行比例分配。其计算公式为：

$$费用分配率＝\frac{期初在产品成本＋本期生产费用}{完工产品产量＋期末在产品约当产量}$$

$$完工产品成本＝完工产品产量×费用分配率$$

$$月末在产品费用＝在产品约当产量×费用分配率$$

4. 投料程度的确定

在运用约当产量比例法时，一个中心问题就是计算确定在产品的投料程度和加工程度。有时，人们出于简单考虑，一般都按50%来计算。

① 原材料在生产开始时一次投入的，在产品的投料程度为100%。即，完工产品和在产品一次投料的情况下，不管后面的加工程度如何，在分配材料份额时是相等的。

② 原材料在生产过程中是陆续、均衡投入的，可以按照各工序的累计材料定额占完工产品材料定额的比率计算。其计算公式为：

$$某道工序上的在产品投料程度＝\frac{前面各道工序的累计材料定额＋本道工序材料定额×50\%}{完工产品材料定额}$$

$$×100\%$$

公式中本工序（在产品所在工序）材料定额乘以50%，是因为该工序中各件在产品的投料程度不同，为了简化投料程度的测算工作，在本工序一律按平均完工率的 50% 计算。

5. 加工程度的确定

① 当企业生产进度比较均衡，各道工序在产品加工数量相差很大时，全部在产品加工程度都可以按 50% 平均计算。

② 当企业生产进度不均衡时，各道工序在产品加工程度应按工序分别测定。在分别测定在产品加工程度时，应根据它所经各工序的累计工时定额同完工产品工时定额的比例进行测算。在产品加工程度的计算公式为：

$$某道工序上的在产品加工程度 = \frac{前面各道工序的累计工时定额 + 本道工序工时定额 \times 50\%}{完工产品工时定额} \times 100\%$$

公式中本工序（在产品所在工序）工时定额乘以 50%，是因为该工序中各件在产品的完工程度不同，为了简化完工程度的测算工作，在本工序一律按平均完工率 50% 计算。在产品从上一道工序转入下一道工序时，因上一道工序已经完工，所以前面各道工序的工时定额应按 100% 计算。

习题与实训

一、单项选择题

1. 月末在产品数量较大，其变化也较大，产品成本中原材料费用和其他费用的比重相差不大的产品，可以采用（　　）计算分配生产费用。

    A. 定额比例法

    B. 约当产量比例法

    C. 在产品按所耗原材料费用计算法

    D. 在产品按固定成本计价法

2. 在产品按定额成本计算法，月末在产品实际成本和定额成本的差异，全部由（　　）负担。

    A. 完工产品　　　　　　　　　B. 在产品

    C. 完工产品与在产品　　　　　D. 完工产品或在产品

3. 在产品盘盈时，借记的会计科目是（　　）。

    A. 待处理财产损溢　　　　　　B. 基本生产成本

    C. 营业外支出　　　　　　　　D. 周转材料

4. 在计算完工产品成本时，如果不计算月末在产品成本，必须具备的条件是（　　）。

    A. 各月末在产品数量稳定　　　B. 各月末在产品数量变化量很大

    C. 各月末在产品数量很小　　　D. 各月末在产品数量很大

5. 约当产量是指月末在产品数量按其完工程度和投料程度折算为相当于（　　）的数量。

A. 在产品
B. 周转材料
C. 库存商品
D. 完工产品

6. 如果企业定额管理基础较好，能够制定比较准确、稳定的消耗定额，各月末在产品数量变化较大的产品应采用（　　）。

A. 定额比例法
B. 在产品按定额成本计价法
C. 在产品按所耗原材料费用计算法
D. 在产品按固定成本计价法

7. 某种产品经过两道工序加工而成。第 1 道工序月末在产品数量为 100 件，完工程度为 20%；第 2 道工序的月末在产品数量为 200 件，完工程度为 70%。据此计算的月末在产品约当产量为（　　）。

A. 20 件
B. 135 件
C. 140 件
D. 160 件

8. 某种产品经过两道工序加工而成。各道工序的工时定额为：第 1 道工序 32 小时，第 2 道工序 12 小时。那么，第 2 道工序在产品累计工时定额为（　　）小时。

A. 32
B. 38
C. 22
D. 44

9. 某种产品经过两道工序加工而成，各道工序的工时定额为 40 小时。其中，第 1 道工序 30 小时，第 2 道工序 10 小时。那么，第 2 道工序的完工率为（　　）。

A. 37.5%
B. 50%
C. 87.5%
D. 100%

10. 某种产品本月完工 26 件，在产品 10 件，在产品完工程度为 40%，本月共发生制造费用 3 000 元，则完工产品和月末在产品应负担的制造费用分别为（　　）。

A. 400 元，2 600 元
B. 2 600 元，400 元
C. 2 500 元，500 元
D. 1 500 元，1 500 元

二、多项选择题

1. 完工产品和在产品成本计算模式可分为（　　）。

A. 顺算法
B. 逆算法
C. 同时计算
D. 约当产量比例法

2. 生产费用在完工产品和月末在产品之间分配的方法有（　　）。

A. 在产品按所耗原材料成本计价法
B. 约当产量比例法
C. 在产品按定额成本计价法
D. 定额比例法

3. 企业应根据（　　）等具体条件，采用适当的方法进行完工产品和在产品之间的费用分配。

    A．在产品数量的多少   B．各月在产品数量变化的大小

    C．定额管理基础的好坏   D．各项费用在成本中所占的比重大小

4．在产品成本按其所耗用材料费用计算法，适用于（   ）产品。

    A．月末在产品数量较多

    B．各月末在产品数量变化也较大

    C．材料费用在产品成本中占较小比重

    D．材料费用在产品成本中占较大比重

5．采用约当产量比例法，应具备的条件有（   ）。

    A．月末在产品数量较大

    B．各月末在产品数量变化较大

    C．材料费用在产品成本中占较小比重

    D．各项费用在产品成本中所占比重相差不大

6．定额比例法适用于（   ）的产品。

    A．定额管理基础比较好   B．各月末在产品数量变化不大

    C．各月末在产品数量变化较大   D．各项消耗定额比较健全、稳定

7．广义在产品包括（   ）。

    A．需要进一步加工的半成品   B．正在返修的废品

    C．对外销售的自制半成品   D．正在车间加工中的在产品

8．本月发生的直接人工和制造费用，不计入月末在产品成本的方法有（   ）。

    A．不计算在产品成本法   B．定额比例法

    C．约当产量比例法   D．在产品按所耗原材料费用计价法

9．能够使本月发生的费用等于本月完工产品成本的方法有（   ）。

    A．在产品不计算成本法   B．约当产量比例法

    C．在产品按定额成本计价法   D．在产品按固定成本计价法

10．下列情况下，需要计算在产品完工率的有（   ）。

    A．原材料在生产开始时一次投入

    B．原材料分别在各工序开始时一次投入

    C．原材料随着加工进度陆续投入，投入程度同加工进度一致

    D．原材料随着加工进度陆续投入，投入程度同加工进度不一致

三、判断题（正确的画√，错误的画×）

1．月末，基本生产成本明细账中归集的全部生产费用就是完工产品成本。   （   ）

2．在产品收发结存数量的日常核算通常是借助于在产品台账进行的。   （   ）

3．采用定额比例法，月末在产品实际成本和定额成本的差异，全部由完工产品负担。

                                                 （   ）

4．狭义在产品是指某一车间或某一生产步骤正在加工阶段中的零部件和半成品。

                                               （   ）

5．在产品成本按定额成本计算法是以定额资料为标准，将应由产品负担的费用按照完工产品同月末在产品定额消耗量或定额成本的比例进行划分。   （   ）

6. 约当产量比例法适用于月末在产品数量较大，而且变化也大，但产品成本中原材料成本、职工薪酬和制造费用的比重相差不多的产品。　　　　　　　　　（　）

7. 采用约当产量比例法分配原材料费用的完工率同分配直接人工和制造费用等加工费用的完工率是通用的。　　　　　　　　　　　　　　　　　　　　　　（　）

8. 各月末在产品的数量或费用的大小及数量或费用变化的大小，同完工产品成本关系不大。　　　　　　　　　　　　　　　　　　　　　　　　　　　　　　　（　）

9. 约当产量是指月末在产品数量按照完工程度折算的相当于完工产品的产量。　（　）

10. 正确确定本期完工产品成本，关键是正确计算期末在产品成本。　　　　　（　）

四、简答题

1. 什么是在产品？什么是完工产品？

2. 如何组织在产品清查？

3. 影响生产费用在完工产品和月末在产品分配的因素有哪些？

4. 什么是约当产量？

5. 采用约当产量比例法计算产品成本一般分几个步骤进行？

6. 采用约当产量比例法，如何分工序确定期末在产品投料率和在产品完工率？

7. 定额比例法和月末在产品按定额成本计价法有什么共同点？

8. 约当产量比例法和定额比例法的适用范围是什么？

在线测试

五、实训题

实 训 一

目的： 实训生产费用在完工产品和在产品之间分配方法的运用。

资料： 假定某工业企业甲产品的月末在产品只计算材料费用。甲产品月初材料费用为42 000 元，本月发生材料费用 318 000 元，本月发生直接人工 26 000 元、制造费用 34 000元；本月完工甲产品 860 件，月末在产品 40 件，材料在生产开始时一次投入，材料费用按完工产品和月末在产品数量比例分配。

要求： 在产品按所耗材料费用计价法分配计算甲产品完工产品成本和期末在产品成本，如表 6-1 所示。

表 6-1 基本生产成本明细账

产品名称：　　　　　　　　　　　　　　　　　　　　　　　　　　　　　　　　　　元

| 年 | | 摘 要 | 成 本 项 目 | | | 合 计 |
月	日		原 材 料	直 接 人 工	制 造 费 用	
		月初在产品成本				
		本月发生费用				
		本月合计				
		分配率				
		完工产品应负担的成本				
		月末在产品成本				

实 训 二

目的：实训月末在产品采用定额成本法计算产品成本。

资料：某工业企业生产乙产品，采用在产品按定额成本计价法分配完工产品和在产品费用。月初在产品定额成本为 18 000 元（其中，直接材料 3 500 元、直接人工 2 500 元、制造费用 12 000 元），本月产品费用为 306 000 元（其中，直接材料 60 000 元、直接人工 51 000 元、制造费用 195 000 元）。月末在产品盘存 300 件，材料在生产开始时一次性投入。相关的定额资料为：材料费用定额成本每件 60 元，在产品单件定额工时 20 小时，每小时人工费用定额 4 元，制造费用定额 10 元。

要求：

1. 计算在产品的定额成本。

2. 编制基本成本计算表，计算产品完工产品成本和期末在产品成本，如表 6-2 所示。

3. 编制完工产品入库的会计分录。

表 6-2 基本生产成本明细账

产品名称：   元

年		凭证字号	摘 要	成本项目			合 计
月	日			直接材料	直接人工	制造费用	
			月初在产品成本				
			本月发生费用				
			本月合计				
			月末在产品成本				
			完工产品成本				

实 训 三

目的：实训采用定额比例法计算完工产品和在产品成本。

资料：

1. 某企业生产丙产品，本月完工产品 4 000 件，月末在产品 1 000 件。

2. 完工产品单件产品材料消耗定额为 20 千克，单件产品工时定额为 20 小时。

3. 单件在产品材料消耗定额为 20 千克，单件在产品工时消耗定额为 10 小时。

4. 月初在产品实际成本为：原材料 12 000 元，直接人工 4 000 元，制造费用 5 000 元。

5. 本月生产费用为：原材料 88 000 元，职工薪酬 32 000 元，制造费用 31 000 元。

要求：采用定额比例法，计算丙产品完工产品成本和期末在产品成本，如表 6-3 所示。

表 6-3 定额比例法计算表   元

成本项目	月初在产品成本	本月生产费用	生产费用累计	费用分配率	完工产品成本		月末在产品成本	
					定额消耗量	实 际	定额消耗量	实 际
直接材料	12 000	88 000						
直接人工	4 000	32 000						
制造费用	5 000	31 000						
合 计	21 000	151 000						

实 训 四

目的： 实训采用约当产量比例法计算完工产品和在产品成本。

资料： 设某企业生产丁产品，月初在产品成本中原材料费用为8 250元，直接人工为4 800元，制造费用为2 855元；本月发生的原材料费用为23 475元，直接人工为12 924元，制造费用为7 906元。本月完工产品525件，月末在产品180件，原材料属于在生产开始时一次投入，在产品的完工程度为60%。

要求： 采用约当产量比例法，计算丁产品完工产品成本和期末在产品成本，如表6-4所示。

表6-4 基本生产成本明细账

产品名称：　　　　　　　　　　　　　　　　　　　　　　　　　　　　　　　　　　　　　元

| 年 | | 凭证字号 | 摘　要 | 成 本 项 目 | | | 合　计 |
月	日			直 接 材 料	直 接 人 工	制 造 费 用	

实 训 五

目的： 实训采用约当产量比例法计算完工产品和在产品成本。

资料：

1. 某企业生产B产品需顺序经过3道工序连续加工才能完成，材料在产品生产时一次投入。本月完工产品319件，在产品在各工序的完工程度均为50%。具体资料如表6-5所示。

表6-5 各工序在产品工时及数量

项　目	一工序	二工序	三工序	合　计
工时定额/小时	60	100	40	200
在产品数量/件	80	60	40	180

2. 月初在产品成本和本月发生费用如表6-6所示。

要求： 按上述资料，计算分配下列项目指标。

1. 第1工序在产品完工率＝

2. 第2工序在产品完工率＝

3. 第3工序在产品完工率＝

4. 在产品约当产量＝

5. 根据上述资料和计算结果，填制基本生产成本明细账，并计算出月末完工产品成本和月末在产品成本。

表 6-6 基本生产成本明细账

产品名称：

元

年		凭证 字号	摘 要	成本项目			合 计
月	日			直接材料	直接人工	制造费用	
			月初在产品成本	40 000	26 000	41 000	117 000
			本月发生费用	139 640	112 500	146 000	398 140
			合 计				
			约当产量				
			完工产量＋约当产量				
			分配率				
			完工产品成本				
			月末在产品成本				

项目七
认知产品成本计算方法

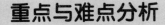
重点与难点分析

一、工业企业生产的主要类型

（一）企业的生产按工艺过程的划分

工业企业的生产，按照生产过程是否能间断划分为单步骤生产和多步骤生产两种类型。

1. 单步骤生产

单步骤生产也叫做简单生产，是指生产工艺过程不能间断，或者由于工作场地的限制，不便于分散在几个不同地点进行的生产。其特点是生产工艺简单，生产周期短，没有自制半成品，生产一般只能由一个车间或一个企业整体完成，而不能由几个车间协作进行。

2. 多步骤生产

多步骤生产也叫做复杂生产，是指生产工艺过程由若干个可以间断的、分散在不同地点、分别在不同时间进行的生产步骤所组成的生产。其特点是生产工艺复杂，生产周期长，生产可以在不同的时间、地点进行。多步骤生产按其产品加工方式的不同和各个生产步骤的内在联系，可以分为连续式多步骤生产和装配式多步骤生产两种类型。

（二）企业的生产按生产组织的特点划分

工业企业的生产，按照生产组织的特点，可以分为大量生产、成批生产和单件生产3种类型。

1. 大量生产

大量生产是指企业不断地重复制造相同产品的生产。在这种生产类型的企业或车间中，产品的品种较少，每种产品的数量很大，生产比较稳定。

2. 成批生产

成批生产指企业按照预先规定的产品批别和数量进行的生产。

成批生产按照产品批量的大小，又可以分为大批生产和小批生产。大批生产的性质接近大量生产，小批生产的性质接近单件生产。

3. 单件生产

单件生产是指企业按照购买单位订单的要求，进行个别的、性质特殊的产品的生产。

上述两种划分方法对生产类型的划分不是相互独立的，所划分的各种生产类型之间既有差异性又有关联性，综合起来看，生产的类型表现为如图7-1所示的几种形态。

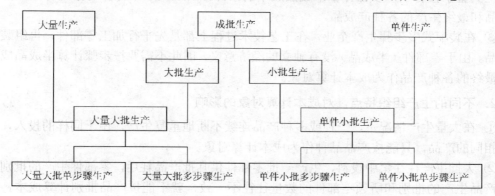

图 7-1　产品生产类型示意

二、成本计算方法的组成因素

成本计算方法是指在一定时期内，生产产品所发生的生产费用对象化到各产品上，计算出各产品总成本和单位成本的方法。它包含成本计算对象、成本计算期和成本分配等 3 个要素。

（一）成本计算对象

成本计算对象是指计算"谁"的成本，它是承担成本的客体，也就是生产费用归集和分配的承担者。成本对象有多种形式，可以是某种产品、某批产品、某类产品。成本计算对象是成本计算方法的最主要因素，决定着成本明细账的设置，是归集和分配生产费用，正确计算产品成本的必要条件。

（二）成本计算期

成本计算期是指生产费用计入产品成本的时期，简单地讲，就是多长时间计算一次成本。企业的成本计算期可以同会计报告期一致，也可以同产品的生产周期一致，选择怎样的成本计算期取决于生产类型的特点。

（三）成本分配

成本分配是指生产费用在完工产品和在产品之间所进行的划分。

三、生产类型特点对成本计算方法的影响

（一）生产类型对成本计算对象的影响

1. 不同的生产技术过程，决定不同的成本计算对象

① 在单步骤生产企业，由于工艺过程不能间断，具有高度的连续性和重复性，其成本计算对象只能是最后生产出的产品，即以产品品种作为成本计算对象。

② 在连续式多步骤生产企业，由于产品生产过程可以间断，可以分散在不同地点进行，客观上具备了按各生产步骤计算半成品成本的条件，所以其成本计算对象是各加工步骤的半成品和最终生产的各种产成品。

③ 在装配式多步骤生产企业，在工艺技术过程上都是先平行加工零部件，再组装为最终产品。由于零部件（半成品）没有独立的经济意义，因此不需要按步骤计算半成品成本，而以最终的各种产品作为成本计算对象。

2. 不同的生产组织特点，对成本计算对象的影响

① 在大量生产情况下，一种或多种产品连续不断地重复生产，由于同样的投入，不断产出相同的产品，只能按产品品种作为成本计算对象。

② 大批生产往往集中投料，生产一批零部件供几批产品耗用，零部件生产的批别和数量同产品生产的批别和所领零部件的数量往往不一致，就不能按产品批别计算成本，只能按产品品种作为成本计算对象。

③ 单件小批生产，由于产品生产是按订单或批别组织的，这就要求计算每张订单或每批产品的成本，所以按产品订单或批别作为成本计算对象。

（二）生产类型对生产费用计入产品成本程序的影响

① 在大量生产单一产品的情况下，成本计算对象只有一个，产品生产所发生的全部生产费用可以直接计入该产品成本。

② 在单件小批生产的情况下，由于产品的品种、批别较多，如果产品生产所发生的生产费用能确定为生产某一产品所发生，应直接计入该批产品成本。如果不能直接计入，则应先归集后按一定标准分配计入各有关批别产品成本。

③ 在大量大批多步骤生产情况下，生产费用计入产品成本的过程，往往就是计算各步骤半成品成本并随其实物转移而逐步结转的过程。产品在各加工步骤的生产费用，累积成完工产品成本。如果管理上不需要计算各步骤半成品成本，也可将完工产品在各步骤加工所发生的费用，组合成完工产品成本。

（三）生产类型对成本计算期的影响

1. 定期按月计算产品成本

在大量大批生产情况下，只能定期按月计算产品成本。产品的生产周期同会计报告期一致，而同成本计算期不一致。

2. 不定期按月计算产品成本

单件、小批生产的产品成本计算具有不定期性，通常以产品的生产周期为成本计算期，同会计报告期往往不一致。

（四）生产类型对产品成本在完工产品和在产品之间划分的影响

1. 月末不计算在产品成本

① 在大量单步骤生产的情况下，一般没有或很少有在产品，没有或不需要计算在产品成本。基本生产成本明细账中归集的生产费用，就是完工产品成本。

② 在单件、小批生产情况下，由于成本计算期同产品生产周期一致，产品成本计算要等到产品完工后才进行，因此一般也不需要将生产费用在完工产品和在产品之间进行分配。

2. 月末计算在产品成本

在大量大批多步骤生产情况下，产品生产周期长，且同成本计算期不一致。由于产品大都是跨月不断进行的，在计算产品成本时，总有一定量的完工产品和在产品，因此归集在基本生产明细账中的生产费用，必须采用适当的分配方法在完工产品和在产品之间进行分配。

四、成本管理要求对成本计算方法的影响

（一）成本管理要求对成本计算对象的影响

① 对于大量大批单步骤生产，工艺过程单一，品种少，管理上较单纯，所以成本计算对象确定为产品品种。

② 对于大量大批多步骤生产，工艺过程复杂，为加强各步骤的成本管理，所以成本计算对象为生产步骤。

③ 对于单件小批单步骤生产，按批别计算产品成本；对于单件小批多步骤生产，管理上一般不要求分步计算成本，所以也可以产品批别为成本计算对象。

（二）成本管理要求对成本计算期的影响

在生产类型特点影响下，有两种成本计算期：一种是定期按月计算；另一种是不定期计算。由此影响所确定的成本计算期同生产类型特点影响的结果基本一致。

（三）管理要求对成本计算程序的影响

管理要求对成本计算程序的影响主要在多步骤生产类型方面。如果管理上要求分步计算产品成本，则必须同时以两个对象归集和分配生产费用。

（四）管理要求对成本分配的影响

一定时期的生产费用是否在完工产品和在产品之间进行分配，不仅要看生产上是否有在产品或在产品的多少，更要看管理上的要求。如果管理方面规定必须计算在产品成本，则进行成本分配，否则就不进行分配。

生产类型和管理要求对成本计算方法的各因素影响主要体现在对成本计算对象的确定上，它制约着成本计算期、生产费用在完工产品和在产品分配的计算，从而决定着成本计算的基本方法。以成本计算对象为主要标志的成本计算方法及其生产类型和管理要求的关系如表 7-1 所示。

表 7-1 生产类型特点及成本管理要求对成本计算方法的影响

生产类型		成本管理要求	成本计算对象	成本计算方法
生产组织特点	生产工艺特点			
大量大批生产	单步骤生产	管理上不要求分步计算成本	产品品种	品种法
	多步骤生产			
单件小批生产	单步骤生产	管理上不要求分步计算成本	产品批别	分批法
	多步骤生产			
大量大批生产	多步骤生产	管理上要求分步计算各步骤半成品成本	生产步骤	分步法

五、成本计算方法

（一）成本计算基本方法

为适应不同类型生产特点和成本管理要求，在产品成本计算工作中有产品的品种、批别、生产步骤 3 种不同的成本计算对象，产品成本计算的基本方法对应有品种法、分批法和分步法 3 种。

（二）成本计算的辅助方法

除以上产品成本计算基本方法外，在实际工作中还有一些辅助的成本计算方法，如分类法和定额法。分类法和定额法同生产特点没有直接联系，不涉及成本计算对象，它们的应用是为了简化成本核算或加强成本管理。在应用过程中不能单独使用而是同基本方法结合起来运用，因此将它们称为辅助成本计算方法。

习题与实训

一、单项选择题

1．区分各种产品成本计算基本方法的标志是（　　）。
　　A．成本计算期　　　　　　　　B．产品生产特点
　　C．成本计算对象　　　　　　　D．在产品费用分配方法

2．在大量大批单步骤生产或管理上不要求分步骤计算成本的多步骤生产的企业里，应采用的成本计算方法是（　　）。
　　A．品种法　　　　　　　　　　B．分批法
　　C．分类法　　　　　　　　　　D．分步法

3．煤矿采掘企业按照生产组织形式划分，属于（　　）。
　　A．大量生产　　　　　　　　　B．单件生产
　　C．成批生产　　　　　　　　　D．简单生产

4．纺织企业按照生产工艺过程划分，属于（　　）。
　　A．大量生产　　　　　　　　　B．多步骤生产
　　C．成批生产　　　　　　　　　D．单步骤生产

5．下列成本计算方法中，不属于成本计算基本方法的是（　　）。
　　A．品种法　　　　　　　　　　B．分类法
　　C．分批法　　　　　　　　　　D．分步法

6．成本计算期同产品生产周期一致的是（　　）的企业。
　　A．大量大批生产　　　　　　　B．大量大批单步骤生产
　　C．大量大批多步骤生产　　　　D．小批单件生产

7．企业应当根据（　　），确定适合本企业的成本计算方法。
　　A．生产特点和成本管理要求　　B．职工人数的多少
　　C．生产规模的大小　　　　　　D．生产车间的多少

8．不断重复生产品种相同产品的生产，属于（　　）。
　　A．大量生产　　　　　　　　　B．复杂生产
　　C．成批生产　　　　　　　　　D．单件生产

9．采用分步法计算产品成本的企业，其成本计算期通常（　　）。
　　A．同产品生产周期一致　　　　B．同会计报告期一致
　　C．同日历年度一致　　　　　　D．同生产费用发生期不一致

10．单件小批生产的成本计算周期通常（　　）。
　　A．同产品生产周期一致　　　　B．同会计报告期一致
　　C．同日历年度一致　　　　　　D．同生产费用发生期不一致

二、多项选择题

1. 下列方法中，属于成本计算的基本方法的有（　　　　）。
   - A. 品种法
   - B. 分批法
   - C. 分批法
   - D. 定额法

2. 企业确定的成本核算对象主要有（　　　　）。
   - A. 产品品种
   - B. 产品批别
   - C. 产品品种及其所经过的步骤
   - D. 产品生产计划或订货单

3. 生产特点和管理要求对成本计算方法的影响，主要表现在对（　　　　）的影响等方面。
   - A. 成本计算对象
   - B. 成本计算期
   - C. 成本分配
   - D. 生产费用计入产品成本的程序

4. 任何企业都应根据（　　　　）确定具体的成本计算方法。
   - A. 生产组织的特点
   - B. 成本管理的要求
   - C. 生产工艺的特点
   - D. 生产规模的要求

5. 下列各项中，属于按照生产组织划分的有（　　　　）。
   - A. 单步骤生产
   - B. 多步骤生产
   - C. 大量大批生产
   - D. 小批单件生产

6. 下列各项中，属于按照生产工艺划分的有（　　　　）。
   - A. 单步骤生产
   - B. 多步骤生产
   - C. 大量大批生产
   - D. 小批单件生产

7. 品种法适用于（　　　　）。
   - A. 管理上不要求分步骤计算成本的多步骤生产
   - B. 小批单件生产
   - C. 管理上要求分步骤计算成本的多步骤生产
   - D. 大量大批单步骤生产

8. 在产品成本计算过程中，存在的成本计算对象有（　　　　）。
   - A. 产品品种
   - B. 产品类型
   - C. 产品批别
   - D. 产品步骤

三、判断题（正确的画√，错误的画×）

1. 成本计算对象是区分产品成本计算基本方法的主要标志。（　　）

2. 所有多步骤生产企业的成本计算都必须采用分步法。（　　）

3. 一个企业在同一会计期间不得采用多种成本计算方法。（　　）

4. 在单件小批生产的企业中，一般在某批产品完工时计算产品成本，因而产品计算期是不定期的，同会计报告周期不一致，而同产品的生产周期一致。（　　）

5. 不论什么组织方式的制造企业，不论生产什么产品，也不论成本管理要求如何，最终都必须按照产品品种计算出产品成本。（　　）

6. 分类法不能单独使用，只能同成本计算的基本方法结合使用。（　　）

7. 企业的生产按其生产组织形式的特点划分，可分为单步骤生产和多步骤生产两类。（　）

8. 辅助生产车间，如供水、供电、供汽车间，通常采用分批法计算成本。（　）

9. 产品成本计算的基本方法和辅助方法的划分，是从计算产品实际成本角度考虑的。（　）

10. 目前，在我国制造业中，采用的成本计算方法主要是制造成本法。（　）

四、简答题

1. 工业企业按其生产工艺过程的特点，可以分为哪几类？
2. 工业企业按其生产组织的特点，可以分为哪几类？
3. 生产特点对成本计算方法的影响表现在哪些方面？
4. 管理要求对成本计算方法的影响表现在哪些方面？
5. 成本计算的基本方法有哪些？其命名的依据是什么？
6. 成本计算的辅助方法有哪些？为什么说它们是辅助方法？

在线测试

项目八
品 种 法

重点与难点分析

一、品种法的概念、特点和适用范围

（一）品种法的概念

品种法是指以产品的品种作为成本核算对象，用以归集生产费用并计算产品成本的一种成本计算方法。按照产品品种计算产品成本是成本计算的最起码要求，是企业计算产品成本的最基本方法。

（二）品种法的特点

① 以产品品种作为成本核算对象，设置基本生产成本明细账，归集生产费用。
② 定期计算产品成本。
③ 月末一般不必将生产费用在完工产品和在产品之间进行分配。

（三）品种法的适用范围

品种法主要适用于大量大批的单步骤生产的企业，如发电、采掘等企业。在大量大批多步骤生产的企业或生产单位中，如果生产规模较小，而且成本管理上又不要求提供各步骤的成本资料，也可以采用品种法计算产品成本，如小型水泥厂、制砖厂、造纸厂等。此外，企业为基本生产单位提供产品和劳务的某些辅助生产单位，如供水、供电、供气等也可以采用品种法计算其产品或劳务的成本。

二、品种法的计算程序

采用品种法计算产品成本时，其基本程序如下。
1）以产品的品种作为成本计算对象。
2）按产品品种归集要素费用。
3）分配辅助生产成本。
4）分配制造费用。
5）计算完工产品成本和月末在产品成本。
6）结转完工产品成本，并验收入库。

习题与实训

一、单项选择题

1．品种法的特点是（　　）。
　　A．不分批计算产品成本
　　B．不分步计算产品成本
　　C．既不分批又不分步计算产品成本
　　D．既不分批又不分步，只分品种计算产品成本
2．品种法是产品成本计算的（　　）。
　　A．主要方法　　　　　　　B．重要方法
　　C．最基本方法　　　　　　D．最一般方法
3．在品种法下，成本计算期的特点是（　　）。
　　A．定期按月计算成本，同生产周期一致
　　B．定期按月计算成本，同会计报告期一致
　　C．不定期计算成本，同生产周期一致
　　D．不定期计算成本，同会计报告期不一致
4．下列方法中，最基本的成本计算方法是（　　）。
　　A．品种法　　　　　　　　B．分步法
　　C．分批法　　　　　　　　D．分类法

5. 采用品种法，基本生产成本明细账应当按照（　　）分别开设。

A．生产单位 　　　　　　　　　B．产品品种

C．生产步骤 　　　　　　　　　D．产品类别

6. 品种法适用的生产组织类型是（　　）。

A．大量成批生产 　　　　　　　B．大量大批生产

C．大量小批生产 　　　　　　　D．单件小批生产

7. 在各种成本计算方法中，品种法成本计算程序（　　）。

A．最具有特殊性 　　　　　　　B．最具有代表性

C．最不完善 　　　　　　　　　D．同其他方法的成本计算程序截然不同

8. 下列关于简单法的说法中，不正确的有（　　）。

A．发生的生产费用全部都是直接生产费用

B．发生的生产费用既包括直接生产费用又包括间接生产费用

C．不存在将生产费用在完工产品和在产品之间进行分配的问题

D．成本计算期同会计报告期一致，而同生产周期不一致

二、多项选择题

1. 品种法的适用范围有（　　　　）。

A．大量大批单步骤生产

B．管理上不要求分步计算成本的大量大批多步骤生产

C．大量大批多步骤生产

D．单件小批生产

2. 下列企业中，适宜采用品种法计算其产品成本的有（　　　　）。

A．采掘企业 　　　　　　　　　B．汽车制造企业

C．供水供电企业 　　　　　　　D．小型水泥厂

3. 品种法的特点包括（　　　　）。

A．以产品品种作为成本计算对象

B．定期按月计算产品成本

C．如果有在产品时，需要在完工产品和期末在产品之间分配生产费用

D．需要采用一定的方法，在各生产步骤之间分配生产费用

4. 品种法是成本计算最基本的方法，这是因为（　　　　）。

A．各种方法最终都要计算出各产品品种的成本

B．品种法的成本计算程序是成本计算的一般程序

C．品种法定期按月计算成本

D．品种法不需要进行费用分配

5. 品种法适用的生产特点或工艺类型的有（　　　　）。

A．单步骤生产 　　　　　　　　B．大量大批生产

C．多步骤生产 　　　　　　　　D．单件小批生产

三、判断题

1. 多步骤生产不能采用品种法。 （ ）
2. 在品种法下，成本计算期定期进行，同产品生产周期不一致。 （ ）
3. 采用品种法，应当按照产品品种分别设置基本生产成本明细账。 （ ）
4. 品种法也就是简单法。 （ ）
5. 采用品种法，不存在生产费用在完工产品和月末在产品之间分配的问题。 （ ）
6. 品种法是产品成本计算方法中最基本的方法。 （ ）
7. 品种法的计算程序体现着产品成本计算的一般程序。 （ ）
8. 造船企业、供电企业可以按品种计算产品成本。 （ ）
9. 品种法就是不分批、不分步，只按产品品种计算产品成本的方法。 （ ）
10. 不论什么工业企业，不论什么生产类型的产品，也不论管理要求如何，最终都必须按照品种法计算出产品成本。 （ ）

四、实训题

在线测试

实 训 一

目的： 实训品种法，以便学生掌握成本计算基本程序和基本原理。

资料： 某企业设有一个基本生产车间和供电、机修两个辅助生产车间，大量生产 A、B 两种产品。根据企业生产特点和管理要求，采用品种法计算产品成本。2017 年 10 月相关成本核算资料如下。

1. 月初在产品成本。A 产品月初在产品成本为 49 088 元。其中，直接材料 29 000 元，直接人工 7 980 元，其他直接支出 4 048 元，制造费用 8 060 元。B 产品月初没有在产品。

2. 本月生产数量。基本生产车间 A 产品本月实际生产工时 30 000 小时，本月完工 600 件，月末在产品 200 件。B 产品本月实际生产工时为 20 000 小时，本月完工 300 件，月末在产品 200 件。两种产品的原材料均在生产开始时一次投入。A、B 在产品的加工程度均为 50%。

3. 辅助生产提供的劳务数量。供电车间本月供电 21 000 度。其中，机修车间耗用 1 000 度，A 产品生产耗用 8 000 度，B 产品耗用 7 000 度，基本生产车间一般耗用 4 000 度，行政管理部门耗用 1 000 度。

机修车间本月提供修理 3 000 小时。其中，供电车间耗用 500 小时，基本生产车间一般耗用 2 200 小时，行政管理部门耗用 300 小时。

4. 本月发生生产费用。

（1）本月发出材料汇总表如表 8-1 所示。

表 8-1 发出材料汇总表

材料类别：原材料　　　　　　　　　　2017 年 10 月　　　　　　　　　　　　元

领料用途	直接领用	共同耗用	合 计
产品生产消耗	260 000	39 000	299 000
其中：A 产品	140 000		140 000
B 产品	120 000		120 000

（续表）

领料用途	直接领用	共同耗用	合　计
基本生产车间一般耗用	5 000		5 000
供电车间耗用	50 000		50 000
机修车间耗用	8 000		8 000
行政管理部门耗用	4 000		4 000
合　计	327 000	39 000	366 000

（2）本月应付职工薪酬汇总表如表 8-2 所示。

表 8-2　应付职工薪酬汇总表

2017 年 10 月

元

人员类别	应付工资总额
产品生产工人	420 000
供电车间人员	8 000
机修车间人员	10 000
基本生产车间管理人员	6 000
行政管理人员	126 000
合　计	570 000

（3）本月应提折旧费 40 000 元。其中，基本生产车间 32 000 元，供电车间 4 000 元，机修车间 3 100 元，行政管理部门 8 900 元。

（4）本月以现金支付的费用为 8 000 元。其中，基本生产车间办公费 1 000 元，供电车间办公费 600 元，机修车间办公费 2 400 元，行政管理部门办公费 2 300 元，差旅费 1 700 元。

（5）本月以银行存款支付的费用为 64 722 元。其中，基本生产车间水费 10 722 元，办公费 9 000 元；供电车间外购水费 28 000 元，办公费 600 元，其他费用 1 400 元；机修车间水费 5 000 元，办公费 1 200 元，其他费用 2 100 元；行政管理部门办公费 4 200 元，差旅费 1 400 元，业务招待费 1 100 元。

要求：

1．开设有关成本、费用明细账。

（1）开设 A 产品、B 产品基本生产成本明细账。基本生产成本明细账包括"直接材料""其他直接支出""直接人工"和"制造费用"4 个成本项目。

（2）开设供电、机修两个辅助生产成本明细账，按"原材料""职工薪酬""折旧费""办公费""水电费"和"其他费用"等设置费用专栏。

（3）开设基本生产车间的制造费用明细账，按"原材料""职工薪酬""折旧费""办公费""水电费"和"其他费用"等设置费用专栏。

（4）其他总账和明细账省略。

2．供电和机修车间发生的制造费用，分别记入各自辅助生产成本明细账，不通过"制造费用"账户核算。

3. 根据资料进行费用分配和成本计算，编制会计分录并登记有关账户。

（1）根据 A、B 两种产品的直接材料比例编制直接材料分配表，分配共同用料。然后根据发出材料汇总表和直接材料费用分配表（见表 8-3）编制会计分录并登记有关账户。

表 8-3　直接材料费用分配表
年　　月　　　　　　　　　　　　　　　　　　元

应 借 科 目		直接领用	共 同 耗 用			合 计
总 账 科 目	明 细 科 目	成本或费用项目	直接领用	分配标准	分配率	金 额	合 计

应 借 科 目			直接领用	共 同 耗 用			合 计
总 账 科 目	明 细 科 目	成本或费用项目	直接领用	分配标准	分配率	金 额	合 计
基本生产成本	A产品	直接材料					
	B产品	直接材料					
	小　计						
辅助生产成本	供电车间	原材料					
	机修车间	原材料					
制造费用	基本生产车间	原材料					
管理费用		材料费					
合　计							

（2）根据 A、B 两种产品的实际生产工时分配产品生产工人工资，根据应付职工薪酬分配表（见表 8-4）的分配结果，编制会计分录并登记有关账户。

表 8-4　应付职工薪酬分配表
年　　月　　　　　　　　　　　　　　　　　　元

应 借 科 目		应付工资总额			社会保险费（14%）	职工教育经费（2.5%）	工会经费（2%）	社会保险费（10%）	合 计
总账科目	明细科目	生产工时	分配率	工资总额					
基本生产成本	A产品								
	B产品								
小　计									
辅助生产成本	机修车间								
	供电车间								
制造费用									
管理费用									
合　计									

（3）根据资料编制计提本月折旧费用的会计分录并登记有关账户。

（4）根据资料编制本月以现金支付费用的会计分录并登记有关账户。

（5）根据资料编制本月以银行存款支付费用的会计分录并登记有关账户。

（6）采用直接分配法编制辅助生产费用分配表（见表 8-5），根据辅助生产费用分配结果，编制会计分录并登记有关账户（产品生产用电记入"其他直接支出"成本项目）。

表 8-5 辅助生产费用分配表

年 月 元

项 目		供 电 车 间		机 修 车 间		合 计
		数量/度	金 额	数量/小时	金 额	
待分配费用						
劳务供应总量						
费用分配率						
基本生产成本	A 产品					
	B 产品					
制造费用	基本生产车间					
管理费用	行政管理部门					
合 计						

（7）采用生产工时分配法编制制造费用分配表（见表 8-6），根据制造费用分配结果编制会计分录并登记有关账户。

表 8-6 制造费用分配表

生产单位： 年 月 元

产 品	生 产 工 时	分 配 率	分 配 金 额
合 计			

（8）采用约当产量比例法计算 A、B 产品月末在产品成本，如表 8-7 和表 8-8 所示。

表 8-7 基本生产成本明细账

户名：A 产品 完工产品：600 件 月末在产品：200 件 元

2017 年		摘 要	成 本 项 目					余 额
月	日		直接材料	直接人工	燃料和动力	制造费用	合 计	
		月初在产品成本						
8	31	原材料分配表						
	31	职工薪酬分配表						
	31	供电费分配表						
	31	制造费用分配表						
	31	合 计						
	31	完工产量＋约当产量						
	31	单位成本（分配率）						
	31	转出完工产品成本						
	31	月末在产品成本						

表 8-8 基本生产成本明细账

户名：B产品　　　　　完工产品：300件　　　　　月末在产品：200件　　　　　元

2017 年		摘 要	成 本 项 目					余额
月	日		直接材料	直接人工	燃料和动力	制造费用	合 计	
8	31	原材料分配表						
	31	职工薪酬分配表						
	31	外购电费分配表						
	31	制造费用分配表						
	31	合 计						
	31	完工产量＋约当产量						
	31	单位成本（分配率）						
	31	转出完工产品成本						
	31	月末在产品成本						

（9）编制完工产品成本汇总表，如表 8-9 所示。根据完工产品成本汇总表编制结转 A、B 两种完工产品成本的会计分录并登记有关账户。

表 8-9 完工产品成本汇总表

年　　月　　　　　　　　　　　　　　　　　元

成 本 项 目	A 产品（完工数量 600 件）		B 产品（完工数量 300 件）	
	总 成 本	单 位 成 本	总 成 本	单 位 成 本
直接材料				
直接人工				
燃料和动力				
制造费用				
合 计				

项目九

分　批　法

一、分批法的特点和适用范围

（一）分批法的概念

分批法是指以产品的批别为成本核算对象归集和分配生产费用，计算各批产品成本的一种方法，是计算产品成本的一种常用方法。在实际工作中，产品的品种和每批产品的批量往往是根据客户的订单来确定的，因此，按照产品批别计算产品成本，往往也就是按照订单计算产品成本，所以分批法也称为订单法。

（二）分批法的特点

1. 以产品的批别（订单或生产通知单等）为成本计算对象

产品的批别确定通常包括以下几种情况。

① 多品种划分批别。
② 多数量划分批别。
③ 多部分划分批别。
④ 多订单组合批别。
⑤ 同品种轮流批别。

2．产品成本计算期是不定期的

采用分批法计算产品成本，其成本计算期是不定期的，成本计算期同产品生产周期基本一致，但同会计报告期不一致。

3．一般不需要在完工产品和在产品之间分配生产费用

（三）分批法的适用范围

使用分批法的制造业主要是单件小批生产的企业。另外，对企业中的新产品试制或实验、设备修理作业、服务业（如会计师事务所、管理咨询公司）等，也经常采用这种方法。

二、分批法的计算程序

分批法成本计算的一般程序如下。
1）按产品批别开设基本生产成本明细账。
2）按产品批别归集和分配所发生的生产费用。
3）计算完工产品成本。
在实际工作中，还可采用一种按产品所用零件的批别计算成本的零件分批法：先按零件生产的批别计算各批零件的成本，然后按照各批产品所耗各种零件的成本，加上装配成本，计算各该批产品的成本。

三、简化的分批法

（一）简化的分批法的含义

简化的分批法又称累计间接费用分配法，或者不分批计算在产品成本分批法。采用这种方法进行成本计算时，各批产品成本在产品完工之前，账内只需登记直接计入费用和生产工时，每月发生的间接计入费用则是在基本生产成本二级账中按成本项目分别累计起来，到产品完工时，按照完工产品累计工时的比例，在各批完工产品间进行分配。由于这种方法只对完工产品分配间接费用，而不分批计算在产品成本，因此这种方法也称做不分批计算在产品成本的分批法。

（二）简化的分批法的适用范围

简化的分批法适用于同一个月份投产的产品批数很多，几十批甚至上百批，且月末未完工产品的批数也较多的企业。

（三）简化分批法的计算程序

1）按产品批别设立基本生产成本明细账。

2）增设基本生产成本二级账。

3）归集生产费用和累计生产工时。

4）计算全部产品累计间接计入费用分配率。

在有完工产品的那个月份，才分配间接计入费用。分配率和分配额的计算公式为：

$$全部产品间接计入费用累计分配率 = \frac{全部产品间接计入费用累计数}{累计生产工时数}$$

$$某批完工产品应负担的某项间接计入费用 = 该批完工产品累计生产工时 \times$$
$$全部产品间接计入费用累计分配率$$

5）计算批内各种完工产品的总成本和单位成本。

（四）简化分批法的特点

简化分批法同一般分批法相比，具有以下4个明显特点。

1）设置全部基本生产成本二级账。

2）不分批计算在产品成本。

3）采用累计间接计入费用分配率来计算分配费用。

4）生产费用的横向分配和纵向分配一次完成。

（五）简化分批法的优缺点和应用条件

1. 简化分批法的优点

① 简化了间接费用的分配和登记基本生产成本明细账的工作。

② 符合实际成本计价原则，不会影响会计报表的质量。

2. 简化分批法的不足

① 各批基本生产成本明细账不能直接提供各批在产品的成本资料。

② 月末完工产品批次较多时，达不到简化核算工作效果，甚至适得其反。

③ 各月的间接计入费用水平相差较大时，会影响基本生产成本计算的准确性。

3. 简化分批法的应用条件

为了在产品成本计算中最大限度地发挥简化分批法的优点，避免可能出现的不足，要求采用简化分批法应具备两个条件。

① 各月份全部产品间接计入费用的水平相差不多。

② 月末未完工产品的批数较多，且有较多批数的产品跨月陆续完工或跨月完工，即有较多批数的产品生产中出现月末在产品。

因此，简化分批法主要适用于单件小批的生产企业——生产的批数很多，月末未完工的批数也多的情况。

习题与实训

一、单项选择题

1. 分批法的特点是（　　）。
   A. 按照产品类别计算成本
   B. 按照产品品种计算成本
   C. 按照产品批别计算成本
   D. 按照车间来计算成本

2. 采用简化分批法对完工产品分配间接计入费用依据的是（　　）。
   A. 全部产品计划间接计入费用分配率
   B. 全部产品累计间接计入费用分配率
   C. 每种产品上期间接计入费用分配率
   D. 每种产品本期间接计入费用分配率

3. 必须设置基本生产成本二级账的成本计算方法是（　　）。
   A. 品种法
   B. 分步法
   C. 简化的分批法
   D. 分批法

4. 简化分批法适用于（　　）。
   A. 同一月份投产批数多
   B. 各月间接计入费用水平相差不大
   C. 月末未完工产品批数多
   D. 同时具备上述条件

5. 采用分批法计算基本生产成本时，如果批内跨月完工产品的数量较大，则完工产品成本计算最适宜采用的方法是（　　）。
   A. 按计划单位成本计算
   B. 按定额单位成本计算
   C. 按约当产量比例法分配计算
   D. 按最近一期相同产品的实际成本计算

6. 分批法适用的生产组织是（　　）。
   A. 小批单件生产
   B. 大量大批生产
   C. 大量小批生产
   D. 大量成批生产

7. 如果在一张订单中规定了几种产品，产品批别应按（　　）划分。
   A. 订单
   B. 产品品种
   C. 订单或产品品种
   D. 各种产品数量多少

8. 采用简化的分批法，在产品完工之前，基本生产成本明细账（　　）。
   A. 不登记任何费用
   B. 只登记直接计入费用（如原材料费用）和生产工时
   C. 只登记原材料费用
   D. 登记间接计入费用，不登记直接计入费用

9. 在简化的分批法下，累计间接计入费用分配率（　　）。
   A. 只是在各批完工产品之间分配间接计入费用的依据
   B. 只是在各批在产品之间分配间接计入费用的依据

C. 既是各批产品之间，也是完工产品和在产品之间分配间接计入费用的依据

D. 只是完工产品和在产品之间分配间接计入费用的依据

10. 下列情况中，不适宜采用简化分批法的是（　　　）。

A. 产品的批数较多

B. 月末未完工产品批数较多

C. 各月间接计入费用水平相差不多

D. 各月间接计入费用水平相差较多

11. 简化的分批法是（　　　）。

A. 不计算在产品成本的分批法

B. 不分批计算在产品成本的分批法

C. 不分批计算完工产品成本的分批法

D. 分批计算完工产品和在产品成本的分批法

12. 采用简化的分批法，各批产品、完工产品和在产品之间分配间接计入费用都是利用（　　　）分配的。

A. 累计间接计入费用分配率

B. 累计生产工时

C. 累计原材料费用分配率

D. 间接计入费用分配率

二、多项选择题

1. 采用分批法计算基本生产成本时，如果批内产品跨月陆续完工的情况不多，完工产品的数量占全部批量的比重较小，完工产品成本的计价可采用（　　　）。

A. 本月实际单位成本　　　　　　B. 近期相同产品的实际单位成本

C. 定额单位成本　　　　　　　　D. 计划单位成本

2. 分批法主要适用于（　　　）企业。

A. 船舶制造　　　　　　　　　　B. 辅助生产的工具模具制造

C. 专用设备生产　　　　　　　　D. 新产品试验生产

3. 采用简化分批法（　　　）。

A. 不计算全部在产品总成本　　　B. 不计算在产品成本

C. 计算全部在产品总成本　　　　D. 不分批计算在产品成本

4. 基本生产成本计算的分批法适用于（　　　）。

A. 成批生产　　　　　　　　　　B. 单步骤生产

C. 小批生产　　　　　　　　　　D. 单件生产

5. 采用简化的分批法，（　　　）。

A. 必须设立基本生产成本二级账

B. 在产品完工之前，基本生产成本明细账只登记直接计入费用和生产工时

C. 在基本生产成本二级账中登记累计间接计入费用

D. 不分批计算在产品成本

6．分批法成本计算的特点是（　　）。

    A．以生产批次作为成本计算对象

    B．基本生产成本计算期不固定

    C．按月计算基本生产成本

    D．一般不需要进行完工产品和在产品成本分配

三、判断题（正确的画√，错误的画×）

1．分批法也称订单法，其成本计算对象是购货单位的订单。（　　）

2．采用分批法计算产品成本，只有在该批产品全部完工时才能计算成本。（　　）

3．只要产品批数多，就应采用简化分批法计算产品成本。（　　）

4．在小批或者单件生产的企业或车间中，如果同一月份投产的产品批数很多，且月末未完工产品的批数也比较多，而且各月间接计入费用水平相差不多时，可采用简化分批法计算产品成本。（　　）

5．采用简化分批法，必须设立基本生产成本二级账。（　　）

6．采用简化分批法计算产品成本时，在产品完工时，利用累计间接计入费用分配率可以计算出各批产品的完工产品和在产品的成本。（　　）

7．在单件和小批生产中，产品成本有可能在某批产品完工后计算，因而成本计算是不定期的，而同生产周期相一致。（　　）

8．如果在一张订单中只规定一件产品，但其属于大型复杂的产品，价值大，生产周期长，也可以按照产品的组成部分分批组织生产，计算成本。（　　）

9．如果同一时期内，几张订单规定有相同的产品，应按各订单确定批别，分批组织生产，计算成本。（　　）

10．简化的分批法，由于只对完工产品分配间接计入费用，而不分批计算在产品成本，因此又称其为不分批计算在产品成本的分批法。（　　）

四、实训题

实　训　一

目的： 实训基本生产成本计算的分批法。

资料： 某企业生产甲、乙、丙 3 种产品，生产组织属于小批多步骤生产，采用分批法计算成本。2017 年 6 月份各生产批别情况和生产费用支出资料如下。

在线测试

1．本月生产情况如下。

2001 号甲产品 8 件，5 月 2 日投产，6 月 28 日已全部完工验收入库，累计生产工时 5 000 小时。

2002 号乙产品 15 件，5 月 9 日投产，6 月尚未完工，累计生产工时 4 000 小时。

2003 号丙产品 20 件，6 月 1 日投产，6 月 30 日已完工 8 件。本月实际生产工时 3 000 小时。

2．各批产品月初在产品成本如表 9-1 所示。

表 9-1　各批产品月初在产品成本

2017 年 6 月 1 日　　　　　　　　　　　　　　　　　　　　　　　　　元

批　号	直 接 材 料	直 接 人 工	制 造 费 用	合　计
2001	14 000	4 000	3 000	21 000
2002	28 000	6 000	5 000	39 000

3. 本月发生生产费用如下。

本月投入原材料 35 000 元，全部为 2003 号丙产品耗用。本月各批产品生产工人薪酬总额为 12 000 元，制造费用总额为 9 000 元。

4. 单位产品定额成本如下。

2003 批号丙产品，本月完工产品数量为 8 件，为简化核算，完工产品按定额成本转出。每件定额成本为：直接材料 1 760 元，直接人工 250 元，制造费用 150 元，合计 2 160 元。

要求：根据上述资料。采用分批法，登记基本生产成本明细账，计算各批产品的完工成本和月末在产品成本，并编制有关会计分录。

1. 按产品批别开设基本生产成本明细账，如表 9-2 至表 9-4 所示。同时，登记月初在产品成本。

表 9-2　基本生产成本明细账

产品批号：2001　　　　　　　　　　　　　　　　　　　　　　投产日期：5 月

产品名称：甲产品　　　　　　　　　批量：8 件　　　　　　完工日期：6 月　　元

2017 年		凭证字号	摘　要	直接材料	直接人工	制造费用	合　计
月	日						
			月初在产品成本				
			本月发生成本				
			生产成本合计				
			结转完工产品总成本				
			完工产品单位成本				

表 9-3　基本生产成本明细账

产品批号：2002　　　　　　　　　　　　　　　　　　　　　　投产日期：5 月

产品名称：乙产品　　　　　　　　　批量：15 件　　　　　　完工日期：　　　　元

2017 年		凭证字号	摘　要	直接材料	直接人工	制造费用	合　计
月	日						
			月初在产品成本				
			本月发生成本				
			生产成本合计				
			结转完工产品总成本				
			完工产品单位成本				

表 9-4　基本生产成本明细账

产品批号：2003　　　　　　　　　　　　　　　　　　　　投产日期：6 月

产品名称：丙产品　　　　　　　　批量：20 件　　　　　完工日期：（本月完工 8 件）　　元

2017 年		凭证 字号	摘　要	直接材料	直接人工	制造费用	合　计
月	日						
			本月发生成本				
			生产成本合计				
			单位定额成本				
			结转完工产品总成本				
			月末在产品成本				

2. 编制 2003 号丙产品耗用原材料的会计分录并记入基本生产成本明细账。

3. 采用生产工时分配法在各批产品之间分配本月发生的直接人工和制造费用总额，如表 9-5 和表 9-6 所示。根据分配结果编制会计分录并记入有关基本生产成本明细账。

表 9-5　直接人工分配表

2017 年 6 月　　　　　　　　　　　　　　　　　　　元

产　品	生　产　工　时	分　配　率	分　配　金　额
2001 号甲产品			
2002 号乙产品			
2003 号丙产品			
合　计			

表 9-6　制造费用分配表

2017 年 6 月　　　　　　　　　　　　　　　　　　　元

产　品	生　产　工　时	分　配　率	分　配　金　额
2001 号甲产品			
2002 号乙产品			
2003 号丙产品			
合　计			

4. 计算本月完工产品和月末在产品成本，编制结转完工产品的会计分录。2003 号丙产品本月少量完工，其完工产品成本按定额成本结转。

实　训　二

目的：实训基本生产成本计算的简化分批法。

资料：某生产企业生产多种产品，由于产品批数多，为了简化成本计算工作，采用简化的分批法计算成本。该企业 2017 年 10 月份有关计算成本的资料如下。

1. 产品的生产情况如下。

3011 号：A 产品 10 件，9 月 2 日投产，10 月 21 日全部完工。

3012 号：B 产品 25 件，9 月 8 日投产，10 月 29 日完工 15 件。

3013 号：C 产品 15 件，9 月 12 日投产，10 月无完工产品。

3014 号：D 产品 10 件，9 月 15 日投产，10 月无完工产品。

3015 号：E 产品 12 件，9 月 20 日投产，10 月无完工产品。

3016 号：F 产品 18 件，10 月 8 日投产，10 月无完工产品。

3017 号：G 产品 10 件，10 月 20 日投产，10 月无完工产品。

3018 号：H 产品 8 件，10 月 28 日投产，10 月无完工产品。

2. 2017 年 10 月 1 日，基本生产成本二级账各项生产费用余额和实耗工时，以及 A 产品、B 产品、C 产品材料费支出和实耗工时，如表 9-7 所示。

表 9-7　期初生产费用余额表

2017 年 10 月 1 日　　　　　　　　　　　　　　　　　　　　　　元

项 目 账户名称	直接材料	生产工时	直接人工	制造费用	合 计
基本生产成本二级账	540 000	(22 500)	233 000	326 500	1 099 500
A 基本生产成本明细账	300 000	(8 200)			
B 基本生产成本明细账	80 000	(4 800)			
C 基本生产成本明细账	70 000	(4 000)			
D 基本生产成本明细账	50 000	(3 000)			
E 基本生产成本明细账	40 000	(2 500)			

3. 2017 年 10 月 31 日，各批次生产费用发生额和工时消耗情况如表 9-8 所示。

表 9-8　生产费用和生产工时统计表

2017 年 10 月 31 日　　　　　　　　　　　　　　　　　　　　　　元

项 目 账户名称	直接材料	生产工时	直接人工	制造费用	合 计
基本生产成本二级账	77 000	(19 700)	68 730	84 950	230 680
A 基本生产成本明细账		(2 200)			
B 基本生产成本明细账		(3 800)			
C 基本生产成本明细账		(2 400)			
D 基本生产成本明细账		(2 800)			
E 基本生产成本明细账		(2 500)			
F 基本生产成本明细账	38 000	(2 200)			
G 基本生产成本明细账	25 000	(1 800)			
H 基本生产成本明细账	14 000	(2 000)			

4. B 产品完工定额工时为 400 小时。

5. 各种产品生产耗用的原材料均于生产开始时一次性投入。因此，直接材料费用按照该批产品的投产数量平均计算在该批完工产品与月末在产品之间分配。

根据上述资料，按照简化分批法计算成本的程序计算各批基本生产成本。

要求：

1. 设置基本生产成本二级明细账，如表 9-9 所示。

表 9-9 基本生产成本二级账

产品批号：301X　　　　　　　　　　　　　　　　　　生产时间：2017 年 9 月—2017 年 10 月　　　元

2017 年		凭证字号	摘　要	直接材料	生产工时	直接人工	制造费用	合　计
月	日							
9	30		本月发生					
10	31		本月发生					
	31		生产费用和生产工时累计数					
	31		全部产品累计间接费用分配率					
	31		结转完工产品成本					
	31		期末在产品					

2. 计算全部产品各项间接计入费用累计水平分配率，并将各项间接计入费用分配率记入基本生产成本二级明细账。

3. 登记各批基本生产成本明细账，计算完工产品成本。各批基本生产成本明细账如表 9-10 至表 9-17 所示。

4. 登记基本生产成本二级账，并最后结账。

5. 结转完工产品成本，编制结转成本的会计分录。

6. 如果在月末将本月所有费用记入各基本生产成本明细账，工作量是否会增加很多？

表 9-10 基本生产成本明细账

产品批号：3011　　　　　　　　　　　　　　　　　　投产日期：2017 年 9 月

产品名称：A 产品　　　　　　　批量：10 件　　　　　　完工日期：2017 年 10 月　　　元

2017 年		凭证字号	摘　要	直接材料	生产工时	直接人工	制造费用	合　计
月	日							
9	30	（略）	本月发生					
10	31		本月发生					
	31		生产费用和生产工时累计数					
	31		全部产品累计间接费用分配率					
	31		完工产品成本转出					
	31		完工产品单位成本					

表 9-11 基本生产成本明细账

产品批号：3012　　　　　　　　　　　　　　　　　　投产日期：2017 年 9 月

产品名称：B 产品　　　　　　　批量：25 件　　　　　　完工日期：2017 年 10 月（完工 15 件）　　　元

2017 年		凭证字号	摘　要	直接材料	生产工时	直接人工	制造费用	合　计
月	日							
9	30		本月发生					
10	31		本月发生					
	31		生产费用和生产工时累计数					
	31		全部产品累计间接费用分配率					
	31		完工产品成本转出					
	31		完工产品单位成本					
	31		月末在产品					

表 9-12 基本生产成本明细账

产品批号：3013 投产日期：2017 年 9 月 12 日

产品名称：C 产品　　　　　　　　　　批量：15 件　　　　完工日期：　　　　　　　　　元

2017		凭证	摘　要	直接材料	生产工时	直接人工	制造费用	合　计
月	日	字号						
9	30		本月发生					
10	31		本月发生					

表 9-13 基本生产成本明细账

产品批号：3014 投产日期：2017 年 9 月 15 日

产品名称：D 产品　　　　　　　　　　批量：10 件　　　　完工日期：　　　　　　　　　元

2017 年		凭证	摘　要	直接材料	生产工时	直接人工	制造费用	合　计
月	日	字号						
9	30		本月发生					
10	31		本月发生					

表 9-14 基本生产成本明细账

产品批号：3015 投产日期：2017 年 9 月 20 日

产品名称：E 产品　　　　　　　　　　批量：12 件　　　　完工日期：　　　　　　　　　元

2017 年		凭证	摘　要	直接材料	生产工时	直接人工	制造费用	合　计
月	日	字号						
9	30		本月发生					
10	31		本月发生					

表 9-15 基本生产成本明细账

产品批号：3016 投产日期：2017 年 10 月 8 日

产品名称：F 产品　　　　　　　　　　批量：18 件　　　　完工日期：　　　　　　　　　元

2017 年		凭证	摘　要	直接材料	生产工时	直接人工	制造费用	合　计
月	日	字号						
10	31		本月发生					

表 9-16 基本生产成本明细账

产品批号：3017 投产日期：2017 年 10 月 20 日

产品名称：G 产品　　　　　　　　　　批量：10 件　　　　完工日期：　　　　　　　　　元

2017 年		凭证	摘　要	直接材料	生产工时	直接人工	制造费用	合　计
月	日	字号						
10	31		本月发生					

表 9-17 基本生产成本明细账

产品批号：3018 投产日期：2017 年 10 月 28 日

产品名称：H 产品　　　　　　　　　　批量：8 件　　　　完工日期：　　　　　　　　　元

2017 年		凭证	摘　要	直接材料	生产工时	直接人工	制造费用	合　计
月	日	字号						
10	31		本月发生					

项目十

分 步 法

重点与难点分析

一、分步法的概念、特点及分类

（一）分步法的概念

分步法是指按照产品的品种和产品的生产步骤作为成本计算对象，归集生产费用，计算产品成本的一种方法。

分步法主要适用于大量大批的多步骤生产，管理上要求按步骤进行产品成本计算的企业。

（二）分步法的一般特点

产品成本计算分步法的一般特点主要表现在以下几个方面。

① 成本计算对象是各种产品的生产步骤。

② 定期计算完工产品成本，并且将归集的生产费用在完工产品和在产品之间进行分配。

③ 计算和结转产品的各步骤成本。

在分步法下，除了按品种计算和结转产品成本之外，还需计算和结转各步骤的产品成本。

（三）分步法的分类

在采用分步法时，由于企业生产的特点和对步骤成本管理的要求不同，以及出于简化成本核算工作的考虑，分步法在结转各个步骤的成本时，又分为逐步结转分步法和平行结转分步法两种做法。具体分类如图 10-1 所示。

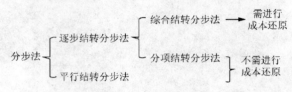

图 10-1　分步法的分类

二、逐步结转分步法

（一）逐步结转分步法的概念

逐步结转分步法是指按照产品的加工顺序，逐步计算并结转半成品成本，直到最后加工步骤完成才能计算产成品成本的一种方法。逐步结转分步法是为了分步计算半成品成本而采用的一种分步法，也称计算半成品成本分步法。

（二）逐步结转分步法的特点

逐步结转分步法的成本计算对象是各种产成品的成本及其各步骤的半成品成本。其成本结转的特点是：各步骤的半成品成本要随着半成品实物数量的转移而进行逐步结转，以便逐步计算出各步骤半成品成本和最后一个步骤的产成品成本。

（三）逐步结转分步法的计算程序

1. 半成品不通过"自制半成品"仓库收发的逐步结转法计算程序

半成品不通过"自制半成品"仓库收发的逐步结转法计算程序如图 10-2 所示。

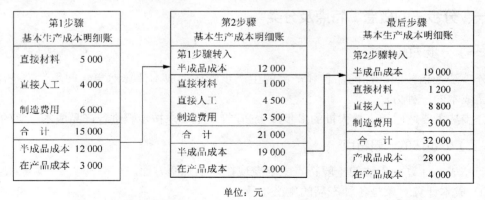

单位：元

图 10-2　半成品不通过"自制半成品"仓库收发的逐步结转法计算程序

2. 半成品通过"自制半成品"仓库收发的逐步结转法计算程序

半成品通过"自制半成品"仓库收发的逐步结转法计算程序如图10-3所示。

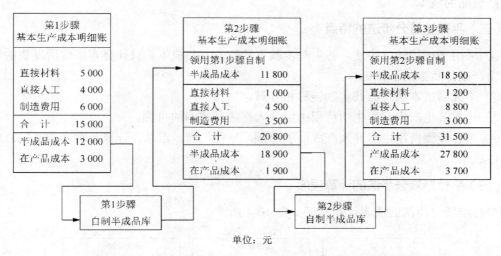

图 10-3　半成品通过"自制半成品"仓库收发的逐步结转法计算程序

（四）综合逐步结转分步法的成本还原

成本还原是指将产成品成本中，以综合项目反映的自制半成品成本逐步分解为原始的成本项目。

成本还原的具体做法是：从最后的生产步骤开始，一个步骤一个步骤地将各步骤所耗上一步骤的半成品综合成本按上步骤的成本项目进行分解，然后将还原后的各步骤成本项目数加总起来，计算出产成品成本按原始成本项目反映的成本资料。它同成本计算的程序是相反的。

成本还原通常有成本比重法和成本还原率法两种。

（五）逐步结转分步法的优缺点

1. 逐步结转分步法的优点

① 能提供各个生产步骤的半成品成本资料。
② 为各生产步骤的在产品实物管理和资金管理提供资料。
③ 能够全面地反映各生产步骤的生产耗费水平，更好地满足各生产步骤成本管理的要求。

2. 逐步结转分步法的缺点

成本结转工作量较大，核算的及时性也较差。各生产步骤的半成品成本如果采用逐步综合结转方法，还需要进行成本还原，增加核算的工作量。

三、平行结转分步法

（一）平行结转分步法的概念

平行结转分步法又称不计算半成品成本分步法，即在计算各步骤成本时，不计算其所产半成品成本，也不计算各步骤所耗上步骤的半成品成本，而只计算各步骤生产费用中应计入最终完工产成品的"份额"，将相同产品在各步骤的成本份额平行结转、汇总，计算出该种产成品的成本。

（二）平行结转分步法的特点

① 采用平行结转分步法，各生产步骤不计算半成品成本，只计算本步骤所发生的费用及应由产成品负担的份额。

② 半成品成本结转与其实物转移相分离。

③ 计算各生产步骤发生的费用中应计入产成品成本的份额。

④ 将各步骤费用中应计入产成品的份额，平行结转、汇总，计算该种产成品的总成本和单位成本。

（三）平行结转分步法的计算程序

平行结转分步法的成本计算程序如图 10-4 所示。

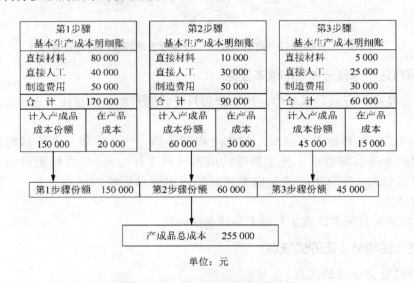

图 10-4　平行结转分步法成本计算程序

（四）平行结转分步法的优缺点和适用范围

1. 平行结转分步法的优缺点

平行结转分步法同逐步结转分步法相比较，具有以下有优点。

① 各步骤可以同时计算产品成本，然后将应计入完工产品成本的份额平行结转、汇总计入产成品成本，不必逐步结转半成品成本，从而可以简化和加速成本计算工作。

② 能够直接提供按原始成本项目反映的产成品成本资料，不必进行成本还原。

2. 平行结转分步法的适用范围

平行结转分步法一般只宜在半成品种类较多，逐步结转半成品成本的工作量较大，管理上不要求提供各步半成品成本资料的情况下采用。

习题与实训

一、单项选择题

1. 下列方法中，属于不计算半成品成本的分步法是（　　）。
   A. 逐步结转分步法
   B. 平行结转分步法
   C. 综合结转分步法
   D. 分项结转分步法

2. 按计划成本综合结转半成品成本能够简化成本计算工作，是因为（　　）。
   A. 不必进行成本还原
   B. 可以分类调整各步骤所耗半成品成本差异
   C. 不计算各步骤的实际成本
   D. 各步骤能够分清所耗半成品的计划成本和成本差异

3. 某产品由 4 个生产步骤组成，采用逐步结转分步法计算产品成本，需要进行成本还原的次数是（　　）。
   A. 1 次
   B. 2 次
   C. 3 次
   D. 4 次

4. 狭义的在产品是指（　　）。
   A. 正在本步骤加工的在产品
   B. 本步骤已完工转入半成品库的半成品
   C. 已从半成品库转到以后各步骤进一步加工，尚未最后产成的在产品
   D. 尚未产成的全部在产品和半成品

5. 采用平行结转分步法时，完工产品是指（　　）。
   A. 企业最后完工的产品，即产成品
   B. 广义的在产品
   C. 第 1 步骤的半成品
   D. 各步骤所耗上一步骤的半成品

6. 产品成本计算的分步法是（　　）。
   A. 分车间计算产品成本的方法
   B. 计算各步骤半成品和最后步骤产成品成本的方法
   C. 计算产品成本中各步骤"份额"的方法
   D. 按照产品品种和生产步骤计算产品成本的方法

7. 进行成本还原，应以还原分配率分别乘以（　　）。
   A. 本月所产半成品各个成本项目的费用
   B. 本月所耗半成品各个成本项目的费用
   C. 本月所产该种半成品各个成本项目的费用
   D. 本月所耗该种半成品各个成本项目的费用

8. 在平行结转分步法下，每一生产步骤结转的完工产品的费用，是（　　）。
   A. 该步骤完工半成品的成本

B．该步骤完工半成品的成本

C．该步骤生产费用中用于产成品成本的份额

D．该步骤生产费用中用于在产品成本的份额

9．成本还原的目的是求得按（　　　）反映的产品成本资料。

  A．计划成本项目   B．定额成本项目

  C．半成品成本项目   D．原始成本项目

10．在逐步结转分步法下，其完工产品和在产品之间的费用分配是指在（　　　）两者之间进行分配。

  A．产成品和狭义在产品   B．产成品和广义的在产品

  C．广义完工产品和狭义在产品 D．广义完工产品和广义在产品

二、多项选择题

1．分步法按是否计算半成品成本的不同，可以分为（　　　　）。

  A．逐步结转分步法   B．分项结转分步法

  C．综合结转分步法   D．平行结转分步法

2．采用逐步结转分步法，按照半成品成本在下一步骤成本明细账中的反映方法，分为（　　　　）。

  A．综合结转法   B．分项结转法

  C．按计划成本结转   D．按实际成本结转

3．平行结转分步法的特点是（　　　　）。

  A．各生产步骤不计算半成品成本，只计算本步骤发生的生产费用

  B．各步骤间不结转半成品成本

  C．各步骤应计算本步骤发生的费用中应计入产成品成本的份额

  D．各步骤发生的生产费用平行结转、汇总计入产成品成本

4．广义的在产品是指（　　　　）。

  A．尚在各步骤加工中的在产品

  B．转入半成品库的半成品

  C．已从半成品库转发到以后各步骤，尚未加工的在产品

  D．已从半成品库转入以后各步骤，正在加工的在产品

5．作为分步法计算对象的生产步骤可能是（　　　　）。

  A．一个生产车间   B．几个生产车间之和

  C．一个企业   D．一个生产车间内的某一个生产步骤

6．采用分步法计算各步骤半成品成本是（　　　　）。

  A．成本计算的需要   B．成本控制的需要

  C．对外销售的需要   D．企业管理的需要

7．逐步结转分步法同平行结转分步法相比，优点是（　　　　）。

  A．能够提供各生产步骤的半成品成本资料

  B．能够加速成本计算工作

  C．能够为在产品的实物管理和资金管理提供资料

  D．能够简化成本计算工作

8. 采用平行结转分步法计算产品成本，最后一个步骤的基本生产成本明细账中能够反映的数据有（   ）。

    A. 产成品实际成本   B. 所耗上一步骤的半成品成本

    C. 本步骤费用   D. 本步骤费用中应计入产成品成本的份额

9. 平行结转分步法同逐步结转分步法相比，缺点是（   ）。

    A. 各步骤不能同时计算产品成本

    B. 需要进行成本还原

    C. 不能为实物管理和资金管理提供资料

    D. 不能提供资料各步骤的半成品成本资料

10. 分步法适用于（   ）。

    A. 大量生产   B. 大批生产

    C. 多步骤生产   D. 单步骤生产

三、判断题（正确的画√，错误的画×）

1. 成本还原的对象是产成品成本。   （   ）

2. 采用分项结转分步法时，不需要进行成本还原。   （   ）

3. 平行结转分步法不能提供各个步骤的半成品成本资料。   （   ）

4. 综合结转半成品成本有利于企业分析和考核产成品成本的结构。 （   ）

5. 不论是综合结转还是分项结转，半成品成本都是随着半成品实物的转移而结转。

                                                  （   ）

6. 狭义的在产品是指正在本步骤加工中的在产品。   （   ）

7. 在分项结转分步法时，不能提供各步骤半成品成本资料。   （   ）

8. 分生产步骤计算产品成本不一定就是分车间计算产品成本。 （   ）

9. 逐步结转分步法实际上是多个品种法的连用。   （   ）

10. 在平行结转分步法下，各步骤只核算本步骤发生的费用。 （   ）

四、实训题

实 训 一

目的：实训综合逐步结转分步法的应用。

资料：某企业 2017 年 8 月生产 A 产品，经过 3 个生产步骤。原材料在开始生产时一次投入，其他项目完工 50%，月末在产品按约当产量比例法计算。有关资料如表 10-1 和表 10-2 所示。

在线测试

表 10-1　产量资料

件

项　目	第 1 步骤	第 2 步骤	第 3 步骤
月初在产品数量	10	10	20
本月投产数量	210	190	180
本月完工产品数量	190	180	190
月末在产品数量	30	20	10
在产品完工程度	50%	50%	50%

表10-2　生产费用资料　　　　　　　　　　　　　　元

成本项目	月初在产品成本			本月发生费用		
	第1步骤	第2步骤	第3步骤	第1步骤	第2步骤	第3步骤
直接材料	700	2 710	14 230	18 000		
直接人工	6 270	2 800	1 110	13 000	54 200	18 000
制造费用	810	1 500	820	16 000	27 000	14 000
合　计	7 780	7 010	16 160	47 000	81 200	32 000

要求： 采用综合逐步结转分步法计算产品成本，并填写表10-3至表10-5所示的项目。

表10-3　基本生产成本明细账

户名：第1步骤　　　　　　　　　　　　　　元

年		凭证字号	项　目	直接材料	直接人工	制造费用	合　计
月	日						
			月初在产品成本				
			本月发生费用				
			合　计				
			在产品约当产量				
			完工产量+约当产量				
			单位成本				
			转出半成品成本				
			月末在产品成本				

表10-4　基本生产成本明细账

户名：第2步骤　　　　　　　　　　　　　　元

年		凭证字号	项　目	直接材料	直接人工	制造费用	合　计
月	日						
			月初在产品成本				
			本月发生费用				
			合　计				
			在产品约当产量				
			完工产量+约当产量				
			单位成本				
			转出产成品成本				
			月末在产品成本				

表10-5　基本生产成本明细账

户名：第3步骤　　　　　　　　　　　　　　元

年		凭证字号	项　目	直接材料	直接人工	制造费用	合　计
月	日						
			月初在产品成本				
			本月发生费用				
			合　计				
			在产品约当产量				

（续表）

年		凭证	项 目	直 接 材 料	直 接 人 工	制 造 费 用	合 计
月	日	字号	完工产量＋约当产量				
			单位成本				
			转出产成品成本				
			月末在产品成本				

实 训 二

目的：实训综合逐步结转分步法的成本还原。

资料：某企业 2017 年 8 月生产丙产品 100 件，经过 3 个生产步骤。采用综合逐步结转分步法计算产品成本，有关资料如表 10-6 所示。

表 10-6 各步骤半成品成本和完工产品成本资料　　　元

生 产 步 骤	半 成 品	直 接 材 料	直 接 人 工	制 造 费 用	合 计
第 1 步骤 A 半成品成本		20 000	8 000	2 000	30 000
第 2 步骤 B 半成品成本	35 000		4 000	1 500	40 500
第 3 步骤产成品成本	38 880		2 000	6 000	46 880

要求：将产成品成本还原为按原始成本项目反映的成本结构，并填列表 10-7 中的相关项目。

表 10-7 产成品成本还原计算表　　　元

行次	项 目	产量	还原率	B半成品	A半成品	直接材料	直接人工	制造费用	合 计
1	还原前产成品成本								
2	第 2 步骤半成品成本								
3	第 1 次成本还原								
4	第 1 步骤半成品成本								
5	第 2 次成本还原								
6	还原后产成品总成本（1＋3＋5）								
7	还原后产成品单位成本								

实 训 三

目的：实训平行结转分步法的应用。

资料：某企业生产甲产品，连续经过两个生产车间加工，原材料在开始时一次投入。月末在产品按约当产量比例法计算，在产品完工程度为 50%，有关产量资料如表 10-8 所示。

表 10-8 产量资料　　　元

项 目	一 车 间	二 车 间
月初在产品数量	150	150
本月投产数量	350	300
本月完工数量	300	350
月末在产品数量	200	100

要求：采用平行结转分步法计算产品成本，并填写表 10-9 至表 10-11 所示的相关项目。

表 10-9 　基本生产成本明细账

户名：一车间　　　　　　　　　　　　　　　　　　　　　　　　　　　　　　　　　　　元

年		项 目	直接材料	燃料与动力	直接人工	制造费用	合 计
月	日						
		月初在产品成本	41 000	2 000	3 200	5 200	51 400
		本月发生费用	88 000	4 000	5 600	6 800	104 400
		合 计					
		完工产量+约当产量					
		单位成本					
		计入产成品成本份额					
		月末在产品成本					

表 10-10 　基本生产成本明细账

户名：二车间　　　　　　　　　　　　　　　　　　　　　　　　　　　　　　　　　　　元

年		项 目	直接材料	燃料与动力	直接人工	制造费用	合 计
月	日						
		月初在产品成本		1 200	1 400	1 800	4 400
		本月发生费用		4 800	3 000	3 800	11 600
		合 计					
		完工产量+约当产量					
		单位成本					
		计入产成品成本份额					
		月末在产品成本					

表 10-11 　完工产品成本汇总计算表

产品名称：　　　　　　　　　　　　年　　　月　　　　　　　　　　　　　　　　　　元

项 目	产 量	直接材料	燃料与动力	直接人工	制造费用	合 计
一车间份额						
二车间份额						
完工产品成本						
单位成本						

实 训 四

目的：实训平行结转分步法下的定额比例法的应用。

资料：某企业大量生产 A 产品。生产分两个步骤在两个生产车间内完成，第一车间为第二车间提供半成品，第二车间加工成为 A 产成品。2017 年 12 月有关生产资料如表 10-12 和表 10-13 所示。生产费用在完工产品同在产品之间的分配采用定额比例法。其中，原材料费用按定额材料成本比例分配，其他项目费用按定额工时比例分配。

要求：根据提供的资料，登记基本生产成本明细账，采用平行结转分步法计算产品成本，并填写表 10-12 至表 10-14 所示的相关项目。

表 10-12 基本生产成本明细账

户名：一车间（A半成品）　　　　　　　　　　2017 年 12 月　　　　　　　　　　　　　　元

摘　要	产成品产量/件	直接材料		定额工时	直接人工	制造费用	合　计
		定　额	实　际				
月初在产品成本			82 530		45 750	89 000	217 280
本月生产费用			63 000		30 000	61 000	154 000
合　　计							
费用分配率							
转入产成品份额	350	87 000		15 000			
月末在产品		60 000		10 000			

表 10-13 基本生产成本明细账

户名：二车间（A产成品）　　　　　　　　　　2017 年 12 月　　　　　　　　　　　　　　元

摘　要	产成品产量/件	直 接 材 料		定额工时	直接人工	制造费用	合　计
		定　额	实　际				
月初在产品成本					11 000	19 500	30 500
本月生产费用					37 000	88 500	125 500
合　　计							
费用分配率							
转入产成品份额	350			11 000			
月末在产品				1 000			

表 10-14 产品成本汇总计算表

户名：A产品　　　　　　　　　　　　　　2017 年 12 月　　　　　　　　　　　　　　元

车 间 名 称	产成品产量/件	直 接 材 料	直 接 人 工	制 造 费 用	合　计
一车间份额					
二车间份额					
总成本					
单位成本					

项目十一
成本计算的其他方法

一、分类法的含义、特点和适用范围

（一）分类法的含义

分类法是指以产品的类别作为成本计算对象归集生产费用，先计算各类产品实际成本，再按一定的标准计算类内各种产品成本的一种方法。

（二）分类法的特点

① 以产品类别作为成本计算对象。

② 类内各种产品的成本按一定标准分配。

（三）分类法的适用范围

分类法作为成本计算的一种辅助方法，同生产类型没有直接关系，因而可以在各种类型的生产中应用。

二、系数法

在分类法下，按系数分配同类产品内各种产品成本的方法，称为系数法。系数法是分类法的一种，也称为简单的分类法。

在实际工作中，为了简化类内各产品之间费用的分配工作，可以将各产品的分配标准折算成相对固定的系数，按照固定的系数分配同类产品内各种产品的成本。确定系数时，一般在同类产品中选择一种产量较大、生产较稳定、规格适中的产品作为标准产品，把这种产品的分配标准额的系数定为1，用其他各种产品的分配标准额同标准产品的分配标准额相比，求出其他产品分配标准额同标准产品分配标准额的比率，即系数，再用系数进行分配，计算出类内各种产品的成本。系数一经确定，应在一定时期内保持相对稳定。

在系数法下，首先确定类内各产品系数，然后将各种产品的实际产量按其系数折算为标准产量（在产品可按约当产量先折算成该完工产品的产量，再按系数折算为标准产品产量），以标准产量的比例来分配类内各产品的总成本和各项目成本。

三、定额法成本计算的程序

（一）定额成本的制定

采用定额法必须先制定单位产品的消耗定额、费用定额，并据以制定单位产品的定额成本。

产品的定额成本一般由企业的计划、技术、会计等部门共同制定。

（二）脱离定额差异的计算

脱离定额的差异，是指在生产过程中各项生产费用的实际数脱离现行定额的数额。脱离定额差异的计算包括原材料脱离定额差异的计算、直接人工费用脱离定额差异的计算和制造费用脱离定额差异的计算3项内容。

1. 原材料脱离定额差异的计算

原材料脱离定额差异的计算方法通常有限额法、切割核算法和盘存法3种。无论采用哪一种方法核算原材料定额消耗量和脱离定额差异，都应分批或定期将这些核算资料按照成本计算对象进行汇总，编制原材料定额成本和脱离定额差异汇总表。

2. 直接人工脱离定额差异的计算

直接人工脱离定额差异的计算根据企业所采用的工资形式（计时工资和计件工资）的不同而不同。

在计件工资形式下，生产工人工资属于直接计入费用，其脱离定额差异的计算同原材料脱离定额差异的计算相似。可采用差异凭证法，将符合定额的生产工人工资反映在产量记录上，脱离定额的差异反映在专设的补付单等差异凭证中。

在计时工资制下，生产工人工资属于间接计入费用，其脱离定额差异不能在平时按照产品直接计算，只有在月末实际生产工人工资总额确定以后才可计算。直接人工脱离定额差异的因素有两个：一是生产工时，二是小时工资率。

3．制造费用脱离定额差异的计算

制造费用应先按生产部门汇集，月末分配计入各种产品成本之中。制造费用一般不能按产品制定费用定额，只能按期制定制造费用预算数，对制造费用进行控制。它通常属间接计入费用，同计时工资一样，其脱离定额差异只有在月末才可计算。

（三）材料成本差异的计算

采用定额成本法，原材料的日常核算一般按计划成本进行。原材料脱离定额差异是以计划单价反映的消耗数量上的差异，不包括价格因素。因此，月末要将产品所消耗的原材料的计划成本调整为实际成本，这可以通过计算所耗原材料应分摊的成本差异，即所耗原材料的价格差异来完成。

（四）定额变动差异的计算

定额变动差异是指由于修订消耗定额（或生产耗费）的计划价格而产生的新旧定额之间的差额。其计算公式为：

$$定额变动系数 = \frac{按新定额计算的单位产品成本}{按旧定额计算的单位产品成本}$$

$$月初在产品定额变动差异 = 按旧定额计算的月初在产品成本 -$$
$$按旧定额计算的月初在产品成本 \times 定额变动系数$$
$$= 按旧定额计算的月初在产品成本 \times（1 - 定额变动系数）$$

在修订定额成本的月份，产品的实际成本的计算公式为：

$$产品实际成本 = 定额成本 \pm 脱离定额差异 \pm 材料成本差异 \pm 定额变动差异$$

（五）产品实际成本的计算

在定额法下，材料成本差异和定额变动差异一般全部由完工产品负担。这样，完工产品实际成本的计算公式为：

$$完工产品实际成本 = 完工产品定额成本 \pm 脱离定额差异 \pm 月初在产品定额变动差异$$

四、作业成本法

（一）作业成本法的概念

作业成本法是以作业为基础，通过成本动因来确认和计量作业量，进而以作业量为基础分配间接费用、计算产品生产成本的一种成本计算方法。

（二）作业成本法的特点

① 发生的成本应按成本动因进行分配。
② 成本动因概念的引入对成本性态的划分造成一定影响。

作业成本法是对传统成本计算法的突破，由传统的以数量为基础的成本计算发展到现代的以作业为基础的成本计算是成本会计科学发展的重大变革。

（三）作业成本法计算成本的程序

1）选择成本基础。

2）追踪资源或同性质的活动归集为作业中心。

3）按作业中心归集成本。

4）选择适当的成本动因。

5）确定作业中心成本分配率。

6）计算产品成本。

习题与实训

一、单项选择题

1．产品成本计算的定额法，在应用范围上（　　　）。

    A．同生产类型直接相关　　　　B．同生产类型无关

    C．适用于大量生产　　　　　　D．适用于小批生产

2．由于修改旧定额而产生的新旧定额之间的差异称为（　　　）。

    A．定额成本差异　　　　　　　B．材料成本差异

    C．定额变动差异　　　　　　　D．脱离定额的差异

3．按照系数比例分配同类产品中各种产品成本的方法（　　　）。

    A．是一种简化的分类法

    B．是副产品的一种计价方法

    C．是一种分配间接费用的方法

    D．是一种在完工产品和月末在产品之间分配费用的方法

4．原材料脱离定额的差异是（　　　）。

    A．数量差异　　　　　　　　　B．价格差异

    C．一种定额变动差异　　　　　D．原材料成本差异

5．作业成本法的核算对象是（　　　）。

    A．产品的品种　　　　　　　　B．产品的类别

    C．产品的批别　　　　　　　　D．作业

6．分类法的主要目的是（　　　）。

    A．使成本计算工作更精确

    B．简化成本计算工作

    C．适应分类这一成本计算对象的要求

    D．加强成本控制

7．以下属于实际成本动因的是（　　　）。

    A．材料采购的批次　　　　　　B．设备的调整次数

    C．设备台时　　　　　　　　　D．某种产品消耗的材料数量

8．如果以生产某种产品进行的设备调试次数为分配基础，选择的成本驱动因素形式为（　　）。

    A．时间性成本动因　　　　　　B．执行性成本动因

    C．实际成本动因　　　　　　　D．标准成本动因

9．在生产过程中，企业实际发生的成本和定额成本的差异是（　　）。

    A．定额变动差异　　　　　　　B．脱离定额差异

    C．材料成本差异　　　　　　　D．以上都不正确

10．在定额法下，当消耗定额下降时，月初在产品的定额成本调整和定额变动差异（　　）。

    A．两种都是正数

    B．两种都是负数

    C．前者是正数，后者是负数

    D．前者是负数，后者是正数

二、多项选择题

1．在分类法下，采用系数法计算各种产品成本时，被选作标准产品的产品应具备的条件是（　　）。

    A．产量较大　　　　　　　　　B．产量较小

    C．生产比较稳定　　　　　　　D．规格适中

2．下列产品中，可以采用分类法计算产品成本的是（　　）。

    A．联产品

    B．工人操作原因形成的等级产品

    C．内部结构不同形成的等级产品

    D．零星产品

3．同产品的生产类型没有直接联系的产品成本计算方法有（　　）。

    A．定额法　　　　　　　　　　B．分批法

    C．分步法　　　　　　　　　　D．分类法

4．计算和分析脱离定额成本差异主要包括（　　）。

    A．直接材料脱离定额差异　　　B．直接人工脱离定额差异

    C．制造费用脱离定额差异　　　D．管理费用脱离定额差异

5．原材料脱离定额差异的计算方法有（　　）。

    A．限额法　　　　　　　　　　B．切割核算法

    C．盘存法　　　　　　　　　　D．年限平均法

6．采用定额法计算产品成本，产品实际成本的组成项目有（　　）。

    A．定额成本　　　　　　　　　B．脱离定额差异

    C．材料成本差异　　　　　　　D．定额变动差异

7．在定额法下，一般由完工产品成本负担的成本差异的有（　　）。

    A．制造费用差异　　　　　　　B．脱离定额差异

    C．材料成本差异　　　　　　　D．定额变动差异

8．采用定额法计算产品成本，产品实际成本的组成项目有（　　　　）。

  A．定额成本   B．脱离定额差异

  C．材料成本差异   D．定额变动差异

9．下列项目中，属于作业成本法的作业的有（　　　　）。

  A．材料采购的批次   B．设备的调整次数

  C．设备台时   D．某种产品消耗的材料数量

10．在作业成本法下，可以作为作业中心的是（　　　　）。

  A．同产品产量有关的作业中心

  B．同产品批次有关的作业中心

  C．同产品项目有关的作业中心

  D．同产品设施有关的作业中心

三、判断题（正确的画√，错误的画×）

1．分类法同生产类型有着密切的关系，因而不是所有类型的企业都可以使用。（　）

2．对企业而言，主产品和副产品的划分并非是一成不变的。（　）

3．在作业成本法下，对所有的成本都需要进行分配。（　）

4．在计时工资形式下，生产工资脱离定额的差异不能在平时按照产品直接计算，只有在月末实际生产工资确定以后，才能计算。（　）

5．一般而言，材料的价格差异应由采购部门负责；材料的数量差异，应由负责控制用料的生产部门负责。（　）

6．定额法不仅是一种产品成本计算的方法，更重要的还是一种对产品成本进行直接控制、管理的方法。（　）

7．作业成本管理同传统成本管理的区别之一是作业成本管理高度重视增值作业。（　）

8．如果月初在产品消耗定额降低了，由此产生的定额变动差异应调减月末完工产品成本。（　）

9．在限额法下，只有符合定额的原材料才能根据定额凭证领发。（　）

10．采用系数法计算类内产品成本时，必须在同类产品中选择一种产品为标准产品，其标准产品的系数固定为1。（　）

四、实训题

实 训 一

目的：实训分类法——系数法的成本计算。

资料：某工业企业大量生产甲、乙、丙3种产品。这3种产品的直接材料和生产工艺相近，因而归为一类产品——A类产品，采用分类法计算成本。

该类产品的消耗定额比较准确、稳定，各月在产品变动不大，所以月末在产品按定额成本计价。本月（8月份）月初、月末在产品按定额成本计价。本月月初、月末在产品的定额和本月发生的生产费用如表11-1所示。

👆 在线测试

表 11-1　基本生产成本明细账

户名：A 类产品　　　　　　　　　　　　　　　　　　　　　　　　　　　　　　　　元

年		摘　要	直接材料	直接人工	制造费用	合　计
月	日					
8	1	月初在产品成本	14 600	3 000	7 500	25 100
	31	本月发生费用	13 200	25 040	53 300	91 540
	31	合　计				
	31	完工产品成本				
	31	月末在产品成本	7 800	2 540	5 550	15 890

该企业各种产品成本的分配方法是：直接材料费用按事先确定的耗料系数比例分配，其他各项费用都按定额工时比例分配。耗料系数根据产品的材料消耗定额计算确定。材料消耗定额为：甲产品 19.2 千克，乙产品 16 千克，丙产品 12.8 千克。以乙产品为标准产品。工时消耗定额为：甲产品 12 小时，乙产品 10 小时，丙产品 9 小时。

本月各种产品的产量为：甲产品 3 000 件，乙产品 4 000 件，丙产品 1 000 件。

要求：

1. 编制系数计算表（见表 11-2），确定甲、乙、丙 3 种产品的系数。

表 11-2　系数计算表

产品名称	原材料单耗定额/元	原材料成本系数	工时消耗定额/元	加工费成本系数
甲产品				
乙产品				
丙产品				

2. 编制产品成本计算表（见表 11-3 和表 11-4），采用分类法分配计算甲、乙、丙 3 种产成品成本。

表 11-3　基本生产成本明细账

户名：A 类产品　　　　　　　　　　　　　　　　　　　　　　　　　　　　　　　　元

2017 年		摘　要	直接材料	直接人工	制造费用	合　计
月	日					
8	1	月初在产品成本				
	31	本月发生费用				
	31	合　计				
	31	完工产品成本				
	31	月末在产品成本				

表 11-4　A 类产品成本计算表

产品名称	实际产量	单 位 系 数		标准产量（总系数）		直接材料	直接人工	制造费用	总成本	单位成本
		材料	其他费用	原材料	其他费用					
	①	②	③	④=①×②	⑤=①×③	⑥	⑦	⑧	⑨=⑥+⑦+⑧	⑩=⑨/①
分配率										
甲产品										
乙产品										
丙产品										
合　计	—	—	—							—

实 训 二

目的： 实训分类法——主、副产品成本的计算。

资料： 某工业企业在生产主要产品 B 产品的同时，生产出可以加工为副产品 C 产品的原料。本月有关资料如下。

1. 本月共发生的联合成本 652 550 元。其中，直接材料 340 000 元，直接人工 164 500 元，制造费用 148 050 元。

2. 本月生产副产品 C 产品的原料为 3 000 千克。

3. 副产品 C 产品的直接材料按固定单价每千克 8 元计算，从 B 产品的直接材料费用中扣除，其他费用按生产工时比例分配（B 产品生产工时 30 000 小时，C 产品生产工时 2 900 小时）。

4. B、C 两种产品的月初、月末在产品均按定额成本计算：B 产品在产品成本（直接材料）月初 50 000 元，月末 40 000 元。本月共生产 B 产品 8 000 千克。

要求： 计算主产品、副产品的成本，并编制基本产品成本明细账，如表 11-5 所示。

表 11-5 基本生产成本明细账

户名：B 产品 　　　　　　　　　　　　　　　　　　　　　　　　　　　　　　　　　　元

2017 年		摘　要	产　量	直接材料	直接人工	制造费用	合　计
月	日						
8	1	月初在产品成本					
	31	本月发生费用					
	31	合　计					
		定额或分配率					
	31	减：C 副产品成本					
	31	B 产品成本合计					
	31	完工产品成本					
	31	单位成本					
	31	月末在产品定额成本					

实 训 三

目的： 实训采用作业成本计算法计算产品成本。

资料： 某企业生产甲、乙、丙、丁 4 种产品，有关产量、成本资料如表 11-6 所示。

表 11-6 作业成本法成本计算表　　　　　　　　　　　　　　　　　　　　　　　元

产 品 名 称		甲产品	乙产品	丙产品	丁产品	合　计
年产量/件		20	100	40	80	
单位直接材料		160	80	400	100	
单位直接人工		40	40	80	20	
单位机器工时		80	40	50	30	
1. 材料处理	搬运次数	2	4	10	4	20
	金额					6 000
2. 起动准备	准备次数	2	4	8	2	16
	金额					6 400

（续表）

产 品 名 称		甲产品	乙产品	丙产品	丁产品	合 计
3. 折旧、维修	机器工时	1 200	2 000	1 000	800	5 000
	金额					36 000
4. 动力	机器工时	1 200	2 000	1 000	800	5 000
	金额					4 000
5. 质量检验	检验数量	4	4	20	8	36
	金额					1 800
1—5 项制造费用合计						

要求：

1. 采用作业成本计算法计算各产品总成本和单位成本。

2. 采用传统的成本计算方法计算各产品总成本和单位成本（制造费用按机器工时比例分配）。

项目十二
其他行业成本核算项目

重点与难点分析

一、商品流通企业的商品成本

商品流通企业的商品成本分为商品采购成本、存货成本、销售成本等。

（一）商品采购成本

《企业会计准则第 1 号——存货》第六条规定：存货的采购成本，包括购买价款、相关税费、运输费、装卸费、保险费及其他可归属于存货采购成本的费用。商品流通企业在采购商品过程中发生的运输费、装卸费、保险费及其他可归属于存货采购成本的进货费用，应当计入存货采购成本，也可以先进行归集，期末根据所购商品的存销情况分别进行分摊。企业采购商品的进货费用金额较小的，可以在发生时直接计入当期损益。

（二）商品存货成本

商品的存货成本一般以商品采购成本为基础进行核算，并根据存货计价方法确定其成本额。

（三）商品加工成本

商品加工成本是指商品流通企业根据市场需要将原材料和半成品等进行加工制成商品的全部支出。

委托加工商品成本包括耗用的原材料或半成品成本、支付的加工费、运输费、装卸费、保险费及相关税费等。

（四）商品销售成本

商品销售成本是指已销商品的进价成本。

商品销售成本的计算和结转，就是把一定时期内已销商品成本，通过一定的方法计算出来，从库存商品账户中转入到"主营业务成本"账户，以求得一定期间的经营成果。

二、商品存货成本的核算方法

根据商品流通企业对库存商品的核算方法不同，商品的存货计价方法主要有两大类，即数量金额核算法和金额核算法。

（一）数量金额核算法

数量金额核算法是指库存商品进、销、存的增减变动同时以实物和货币两种计量单位进行核算及监督的一种核算方法。由于商品的计价标准不同，这种方法又分为数量进价金额核算法和数量售价金额核算法。

1．数量进价金额核算法

数量进价金额核算法是指同时以数量和进价金额来核算及监督每一商品品种的进、销、存情况的一种核算方法。它包括以下内容。

① 库存商品的总分类账户、类目账和明细分类账户统一按进价记账。

② 库存商品明细账户按商品的品名、规格、等级等内容设置明细账户，同时记载商品的收、付、存的数量和进价金额。

这种核算方法一般适用于从事商品批发的大中型企业的会计核算。

2．数量售价金额核算法

数量售价金额核算法是指同时以数量和售价金额来核算及监督每一商品品种的进、销、存情况的一种核算方法。它包括以下内容。

① 库存商品的总分类账户、类目账和明细分类账户统一按售价记账。

② 库存商品明细账户按商品的品名、规格、等级等内容设置明细账户，同时记载商品的收、付、存的数量和售价金额。

③ 设置"商品进销差价"账户。

这种核算方法适用于小型商品批发企业和经营品种较单纯的专业商店，以及某些价值较高的贵重商品的会计核算。

（二）金额核算法

金额核算法是指在实物负责制的基础上以货币计量单位来核算和监督商品进、销、存增减变动的一种核算方法。由于商品的计价标准不同，这种方法又分为售价金额核算法和进价金额核算法。

1. 售价金额核算法

售价金额核算法是指对库存商品按售价和实物负责人进行核算及监督的一种核算方法和管理制度，所以这种方法有时也称为售价金额核算制。它包括以下基本内容。

① 库存商品的总分类账户和明细分类账户统一按售价记账，设置"商品进销差价"账户。

② 建立实物负责制。

③ 健全商品实地盘点制度。

2. 进价金额核算法

进价金额核算法也称为进价记账、盘存计耗（销）法，是指用进价反映商品购进总额，期末用实地盘存商品的进价金额倒挤已销商品进价成本的一种核算方法。它包括以下内容。

① 库存商品的总分类账户和明细分类账户统一按进价记账，不记数量。

② 建立实物负责制。

③ 采用实地盘存确定期末库存商品的成本。

三、商品销售成本的核算方法

由于商品流通企业库存商品采用不同的核算方法，计算和结转已销商品的进价成本方法也不同。下面主要介绍数量进价金额核算法和售价金额核算法下的商品销售成本计算方法。

（一）数量进价金额核算法下的商品销售成本计算

采用数量进价金额核算法计算已销商品进价成本的方法，有先进先出法、月末一次加权平均法、移动加权平均法、个别计价法和毛利率法。前 4 种方法我们已经在基础会计或财务会计等教材中学习和运用过，在此不再赘述。本项目重点介绍毛利率法。

毛利率法是指根据本期销售净额乘以上期实际（或本期计划）毛利率匡算本期销售毛利，并据以计算发出存货和期末存货成本的一种方法。

其计算公式为：

$$毛利率 = 销售毛利 \div 销售净额 \times 100\%$$

$$销售净额 = 商品销售收入 - 销售退回与折让$$

$$销售成本 = 销售净额 \times （1 - 毛利率）$$

毛利率法按大类商品或全部商品计算销售成本，所以计算手续比较简单，但计算结果往往不够准确。因此，在实际工作中每季度的前两个月采用毛利率法简化计算销售成本，季末任选先进先出法、月末一次加权平均法、移动加权平均法或个别计价法计算确定季末库存商品总额，倒挤每季第 3 个月的商品销售成本，借以保证全季度商品销售成本计算的准确性。

（二）售价金额核算法下的商品销售成本计算

实行售价金额核算法的企业在商品销售后，一方面反映商品销售收入，另一方面按售价注销库存商品，结转销售成本。期末，为了计算企业的经营成果，必须采用一定的方法计算已销商品实现的进销差价，并从已经结转的商品销售成本账户中转出，从而确定已销商品的进价成本。已销商品进销差价的计算方法主要有差价率计算法和实际盘存差价计算法。

1．差价率计算法

差价率计算法是按照全部商品或分柜组商品的存销比例分摊已销商品进销差价，据以计算已销商品进价成本的一种方法。采用这种方法首先要计算进销差价率，然后用进销差价率乘以本月商品销售成本的借方发生额合计数，即可计算已销商品应分摊的进销差价。

差价率计算法可以按商品类别进行计算，也可以按照综合差价率计算。在实际工作中，一般按商品类别差价率计算结果比较准确。

采用差价率计算法计算商品销售成本，计算手续简便，但不够准确。因为各种（类）商品的销售比重、进销差价不同，如果按照一个统一的差价率计算，容易出现当期结转的销售额偏高或偏低的现象，造成经营成果计算的准确性较差。因此，这种方法一般适用于各种（类）商品差价率相差不多的企业。

2．实际盘存差价计算法

实际盘存差价计算法是指在资产负债表日实物负责人对所辖商品进行全面盘点，逐一计算每种商品的售价和进价成本，根据两者差额计算期末库存商品的售价总值和进价总值，以及期末库存商品应负担的进销差价，最后计算出本期销售商品应负担的商品进销差价。

可以看出，实际盘存差价计算法以每种商品的最后进价计算确定库存商品价值，并以此调整已销商品进销差价，消除了已销商品中各种不同差价率和商品销售结构比重对进销差价的影响，不会出现进销差价偏高或偏低的现象，计算结果比较准确，但计算工作量比较大。因此，在实际工作中，企业平时采用差价率计算法计算已销商品应分摊的进销差价，年末结账前采用实际盘存差价计算法调整商品进销差价和核实库存商品价值，借以保证会计信息的真实性。

四、施工企业工程成本的构成

施工企业工程成本包括以下 5 个项目。

（一）直接人工费

直接人工费是指在施工生产过程中直接从事工程施工的建筑安装工人及在施工现场直接为工程制作构件和运料、配料等工人的短期薪酬、离职后福利、辞退福利和其他长期职工福利等。

（二）直接材料费

直接材料费是指在施工生产过程中耗用、构成工程实体或有助于工程实体形成的原材料、辅助材料、结构配件、零件、半成品的成本，以及钢模板、木模板、脚手架等周转材料的摊销费或租赁费等。

（三）机械使用费

机械使用费是指在施工生产过程中使用自有施工机械的台班费和使用从外单位租入施工机械的租赁费，以及支付的施工机械进出场费等。机械使用费的分配方法主要有台班分批法、预算分配法和作业量分配法等。

（四）其他直接费

其他直接费包括同工程有关的设计和技术援助费、施工现场材料的二次搬运费、生产工具和用具使用费、检验试验费、工程定位复测费、工程点交费、传递清理费、临时设施摊销费、水电费等。

（五）间接费用

间接费用是企业下属的施工单位或生产单位为组织和管理施工生产活动所发生的费用，包括施工费、生产单位管理人员薪酬、劳动保护费、固定资产折旧费及修理费、物料消耗、低值易耗品摊销、取暖费、水电费、办公费、差旅费、财产保险费、工程保修费、排污费等。

直接费用在发生时直接计入合同成本；间接费用应在资产负债表日按照系统、合理的方法分摊计入合同成本。常见的用于间接费用分摊的方法有人工费用比例法和直接费用比例法。

因订立合同而发生的有关费用，如差旅费、投标费等，能够单独区分和可靠计量且很可能订立的，应当予以归集，待取得合同时计入合同成本；未满足相关条件的，应当直接计入当期损益。

合同完成后处置残余物资取得的收益等与合同有关的零星收益，应当冲减当期合同成本，而不能列入"营业外收入"。

合同成本不包括应当计入当期损益的管理费用、销售费用和财务费用等期间费用。

习题与实训

一、单项选择题

1. 为了归集建筑安装企业的工程成本，应设置的账户是（　　）。
   A．产品成本　　　　　　　　B．制造费用
   C．工程施工　　　　　　　　D．工程结算
2. 下列账户中，属于零售企业会计核算的账户的是（　　）。
   A．研发支出　　　　　　　　B．基本生产成本

C. 商品进销差价　　　　　　　　D. 制造费用

3. 在一般情况下，零售企业的商品售价大于进价。因此，月末"商品进销差价"账户的期末余额应在（　　）。

　　A. 借方　　　　　　　　　　　B. 贷方
　　C. 借方或贷方　　　　　　　　D. 无余额

4. 根据存货会计准则规定，商品流通企业购进商品所发生的采购费用一般应（　　）。

　　A. 计入采购成本　　　　　　　B. 计入管理费用
　　C. 计入销售费用　　　　　　　D. 计入主营业务成本

5. 根据存货会计准则规定，商品流通企业采购商品的进货费用金额较小的，可以在发生时直接计入当期损益。这里的"当期损益"指的是（　　）。

　　A. 主营业务成本　　　　　　　B. 管理费用
　　C. 销售费用　　　　　　　　　D. 其他业务成本

6. 数量进价金额核算法一般适用于（　　）。

　　A. 大中型批发企业　　　　　　B. 经营鲜活商品的零售企业
　　C. 小型批发企业　　　　　　　D. 大型超市

7. 售价金额核算法一般适用于（　　）。

　　A. 大中型批发企业　　　　　　B. 经营鲜活商品的零售企业
　　C. 小型批发企业　　　　　　　D. 大型超市

8. 实行毛利率计算已销商品成本的批发企业，季末一般采用（　　）核实库存商品价值。

　　A. 先进先出法　　　　　　　　B. 售价金额核算法
　　C. 进销差价率计算法　　　　　D. 实际差价计算法

9. 实行售价金额核算法的零售企业，季末或年终决算时要采用（　　）计算已销商品应分摊的进销差价。

　　A. 数量进价金额核算法　　　　B. 售价金额核算法
　　C. 进销差价率计算法　　　　　D. 实际盘存差价计算法

10. 批发企业为简化商品销售成本的计算工作，在每季初的第1和第2个月，可采用（　　）匡算商品销售成本。

　　A. 先进先出法　　　　　　　　B. 月末一次加权平均法
　　C. 毛利率法　　　　　　　　　D. 移动加权平均法

11. 施工企业一般的成本计算对象为（　　）。

　　A. 单位工程　　　　　　　　　B. 综合工程
　　C. 分项工程　　　　　　　　　D. 安装工程

12. 施工企业自有机械专业发生的各项费用，首先应通过（　　）账户进行归集。

　　A. 生产成本　　　　　　　　　B. 工程施工
　　C. 机械作业　　　　　　　　　D. 工程结算

13. 乙公司属于批发企业，采用毛利率法对发出商品计价。上季商品毛利率为15%，月初库存商品进价总值180万元，本月购进商品620万元，本月销售产品收入700万元，则本月期末库存商品价值为（　　）万元。

  A．100   B．105

  C．205   D．595

  14．某零售企业采用售价金额核算法。本月购进甲商品进价成本 300 万元，增值税进项税额为 51 万元，采购费用 4 万元。价税款已用银行存款支付。该商品进销差价为 60 万元，则该企业应计入库存商品的金额为（　　）万元。

  A．304   B．355

  C．360   D．415

  15．某零售企业采用售价金额核算法。月初库存商品进价成本 300 万元，售价 450 万元；本月购进商品进价总值 400 万元，售价总值 550 万元。本月销售商品收入 680 万元，则月末库存商品进价总值为（　　）万元。

  A．320   B．700

  C．204   D．224

  16．接第 15 题，该企业本月已销商品进价成本为（　　）万元。

  A．320   B．224

  C．204   D．476

  17．某零售企业采用售价金额核算法。月初"库存商品"售价总值 200 万元，月初"商品进销差价"余额 60 万元；本月购进商品进价总值 400 万元，商品进销差价 140 万元。本月销售商品收入 650 万元，则月末库存商品进价总值为（　　）万元。

  A．150   B．112.5

  C．162.5   D．250

  18．建造合同完成后，处置残余物资取得的与合同有关的零星收益，应当（　　）。

  A．列入营业外收入   B．冲减营业外支出

  C．冲减当期合同成本   D．冲减管理费用

  19．施工企业及其内部独立核算的施工单位、运输队和机械站等使用自有机械和运输设备进行机械作业时所发生的各项费用，应先通过（　　）科目核算。

  A．工程施工   B．机械作业

  C．生产成本   D．制造费用

  20．施工企业下属的施工单位或生产单位为组织和管理施工生产活动所发生的费用，应记入（　　）科目。

  A．工程施工——直接材料费   B．工程施工——直接人工费

  C．工程施工——其他直接费   D．工程施工——间接费

二、多项选择题

  1．商品批发企业商品销售成本的计算方法有（　　　）。

  A．先进先出法   B．月末一次加权平均法

  C．个别计价法   D．毛利率法

  2．商品流通企业对库存商品核算的方法有（　　　）。

  A．数量进价金额核算法   B．进价金额核算法

C．数量售价金额核算法　　　　　D．售价金额核算法

3．可以作为商品流通批发企业库存商品明细账设置依据的有（　　　　　）。

　　A．商品品名　　　　　　　　　B．商品规格型号

　　C．实物负责人　　　　　　　　D．柜组

4．商品流通企业的成本主要指商品成本和其他业务成本。商品成本又分为（　　　　　）等。

　　A．采购成本　　　　　　　　　B．存货成本

　　C．主营业务成本　　　　　　　D．其他业务成本

5．下列项目中，属于商品流通企业采购成本的有（　　　　　）。

　　A．存货的购买价款　　　　　　B．采购运输费

　　C．进口关税　　　　　　　　　D．采购过程中发生的储存费

6．按照"企业会计准则——存货"的规定，商品流通企业发生的采购费用应（　　　　　）。

　　A．计入存货采购成本

　　B．也可以先进行归集，期末根据所购商品的存销情况分别进行分摊

　　C．采购商品的进货费用金额较小的，可以在发生时直接计入管理费用

　　D．采购商品的进货费用金额较小的，可以在发生时直接计入主营业务成本

7．零售企业对库存商品核算的方法有（　　　　　）。

　　A．数量进价金额核算法　　　　B．进价金额核算法

　　C．数量售价金额核算法　　　　D．售价金额核算法

8．批发企业对库存商品核算的方法有（　　　　　）。

　　A．数量进价金额核算法　　　　B．进价金额核算法

　　C．数量售价金额核算法　　　　D．售价金额核算法

9．下列核算方法中，应设置"商品进销差价"科目的有（　　　　　）。

　　A．数量进价金额核算法　　　　B．进价金额核算法

　　C．数量售价金额核算法　　　　D．售价金额核算法

10．商品流通企业委托加工商品成本包括：（　　　　　）、运输费、装卸费、保险费及相关税费。

　　A．耗用的原材料或半成品成本　B．支付的加工费

　　C．往返的运杂费　　　　　　　D．增值税进项税额

11．售价金额核算法下，已销商品进销差价的计算方法有（　　　　　）。

　　A．毛利率法　　　　　　　　　B．分类差价率法

　　C．综合差价率法　　　　　　　D．实际盘存差价计算法

12．施工企业不同于一般生产经营企业，其主要特点有（　　　　　）。

　　A．建筑产品的固定性　　　　　B．施工生产的流动性

　　C．产品生产的单件性　　　　　D．产品生产的长期性

13．施工企业的工程成本包括（　　　　　）。

　　A．直接人工费　　　　　　　　B．直接材料费

　　C．机械使用费　　　　　　　　D．期间费用

14．下列项目中，属于施工企业"其他直接费"的有（　　　　　）。

A．同工程有关的设计费用　　　　B．施工工程中的材料搬运费

C．生产工具和用具使用费　　　　D．施工、生产单位管理人员薪酬

15．施工企业为了总括地核算和监督在施工过程中各项施工费用的发生、归集及分配情况，正确计算工程成本，应设置的账户有（　　　　　）。

A．生产成本　　　　　　　　　　B．工程施工

C．机械作业　　　　　　　　　　D．工程结算

16．施工单位发生的机械使用费的分配方法主要有（　　　　　）。

A．台班分批法　　　　　　　　　B．预算分配法

C．交互分配法　　　　　　　　　D．作业量分配法

17．下列各项中，属于施工企业直接人工费的有（　　　　　）。

A．建筑安装工人薪酬

B．施工现场工程制作构件人员的薪酬

C．施工现场工程运料、配料人员的薪酬

D．施工、生产单位管理人员薪酬

18．下列各项中，不属于合同建造成本的有（　　　　　）。

A．工程结算　　　　　　　　　　B．管理费用

C．财务费用　　　　　　　　　　D．销售费用

19．"工程施工"账户用来核算企业进行建筑安装工程施工所发生的各类费用支出，用以确定各种成本核算对象的实际成本和合同毛利。该账户下设（　　　　　）明细科目。

A．合同成本　　　　　　　　　　B．合同毛利

C．工程结算　　　　　　　　　　D．间接费用

20．售价金额核算法的主要内容有（　　　　　）。

A．库存商品的总分类账户和明细分类账户统一按售价记账

B．设置"商品进销差价"账户

C．建立实物负责制

D．健全商品实地盘点制度

三、判断题（正确的画√，错误的画×）

1．商品流通企业营运中资金活动的轨迹是"货币—商品—货币"。　　　　　　（　　）

2．商品流通企业的经济活动主要是流通领域中的商品购销活动，从生产企业或其他企业单位购进商品，并将其销售给生产者。　　　　　　　　　　　　　　　　　　　　（　　）

3．零售商品流通是指商品销售给城乡居民或销售给企业事业单位等用于非生产消费的买卖行为。　　　　　　　　　　　　　　　　　　　　　　　　　　　　　　　　　　（　　）

4．企业会计准则规定：存货的采购成本，包括购买价款、相关税费、运输费、装卸费、保险费以及其他可归属于存货采购成本的费用。　　　　　　　　　　　　　　　　　（　　）

5．商品流通企业进行商品购销，也是对商品价值的实现和分配。　　　　　　（　　）

6．商品流通企业采购商品的进货费用金额较小的，可以在发生时直接计入当期损益，即记入"管理费用"科目。　　　　　　　　　　　　　　　　　　　　　　　　　　　（　　）

7. 数量进价金额核算法一般适用于从事商品批发的大中型企业的会计核算。　　　（　　）

8. 数量售价金额核算法适用于小型商品批发企业和经营品种较单纯的专业商店，以及某些价值较高的贵重商品的会计核算。　　　（　　）

9. 售价金额核算法适用于从事鲜活商品经营的零售企业或柜组的会计核算。　　（　　）

10. 售价金额核算法是指对库存商品按售价和实物负责人进行核算及监督的一种核算方法和管理制度。　　　（　　）

11. 毛利率法是指根据本期销售净额乘以上期实际（或本期计划）毛利率匡算本期销售毛利，并据以计算发出存货和期末存货成本的一种方法。　　　（　　）

12. 毛利率法可以在从事商品批发的企业中使用，计算结果准确。　　　（　　）

13. 委托加工商品成本包括耗用的原材料或半成品成本，支付的加工费、运输费、装卸费、保险费及相关税费等。　　　（　　）

14. 差价率计算法是按照全部商品或分柜组商品的存销比例分摊已销商品进销差价，借以计算已销商品进价成本的一种方法。　　　（　　）

15. 在实际工作中，企业平时采用实际盘存差价计算法计算已销商品应分摊的进销差价，年末结账前采用差价率计算法调整商品进销差价和核实库存商品价值，借以保证会计信息的真实性。　　　（　　）

16. 施工企业工程成本也称为合同成本，包括从合同签订开始至合同完成为止所发生的与执行合同有关的直接费用和间接费用。　　　（　　）

17. 直接人工费是指在施工生产过程中直接从事工程施工的建筑安装工人及在施工现场直接为工程制作构件和运料、配料等工人的薪酬。　　　（　　）

18. 机械使用费是指在施工生产过程中使用自有施工机械的台班费。　　　（　　）

19. 合同完成后处置残余物资取得的收益等与合同有关的零星收益，应当列入"营业外收入"账户。　　　（　　）

20. 合同成本不包括应当计入当期损益的管理费用、销售费用和财务费用等期间费用。　　　（　　）

四、实训题

实　训　一

目的：实训毛利率法的应用。

资料：某批发商业企业采用上季度毛利率法对库存商品计价，有关资料如下。

在线测试

1. 2017 年第一季度的针织品实际销售收入 2 000 万元，已销商品的销售成本 1 700 万元。

2. 2017 年 5 月 1 日库存商品期初余额 1 800 万元，5 月份购入库存商品成本 3 200 万元，销售商品收入 3 500 万元，销售退回和折让合计 120 万元。

3. 2017 年 6 月份购入库存商品成本 4 000 万元，销售商品收入 5 000 万元。

4. 2017 年 7 月份购入库存商品成本 3 600 万元，销售商品收入 4 100 万元。季末，采用先进先出法计算库存商品进价为 2 980 万元。

要求：

1）计算该企业第一度商品毛利率。

2）计算 5 月份商品销售成本和期末结存成本，并编制结转销售成本的会计分录。

3）计算 6 月份商品销售成本和期末结存成本，并编制结转销售成本的会计分录。

4）计算 7 月份商品销售成本，并编制结转销售成本的会计分录。

实 训 二

目的： 实训已销商品进销差价计算和结转率法的应用。

资料： 某零售商店采用售价金额核算法对库存商品进行计价，有关资料如下。

1. 2017 年 8 月各柜组库存商品、商品销售收入、商品销售成本及商品进销差价等账户余额如表 12-1 所示。

表 12-1　各柜组 8 月相关账户余额表　　　元

实物负责人	本月商品销售收入	本月商品销售成本	月末库存商品余额	月末分摊前商品进销差价账户余额
百货柜	850 000	900 000	450 000	445 500
日化柜	980 000	1 000 000	600 000	720 000
家电柜	1 150 000	1 160 000	360 000	440 800
食品柜	670 000	700 000	280 000	441 000
合　计	3 650 000	3 760 000	1 690 000	2 047 300

2. 2017 年 9 月各柜组采用实际盘存差价计算法，盘点后的库存商品进价总值、库存商品售价总值、商品销售收入、商品销售成本及商品进销差价等账户余额如表 12-2 所示。

表 12-2　各柜组 9 月相关账户余额表　　　元

实物负责人	本月商品销售收入	本月商品销售成本	月末库存商品盘点进价总值	月末库存商品盘点售价总值	月末分摊前商品进销差价账户余额
百货柜	630 000	630 000	410 000	634 000	125 000
日化柜	820 000	850 000	350 000	526 000	240 500
家电柜	950 000	980 000	290 000	360 000	180 700
食品柜	610 000	640 000	260 000	405 000	313 900
合　计	3 010 000	3 100 000	1 310 000	1 925 000	860 100

要求：

1. 根据资料 1，按柜组计算进销差价率、已销商品应分摊的商品进销差价和本月销售进价成本（见表 12-3），并编制期末分摊的商品进销差价的会计分录。

表 12-3　各柜组期末分摊的商品进销差价表　　　元

实物负责人	商品进销差价率	已销商品应分摊的商品进销差价	本月商品销售进价成本	月末分摊后商品进销差价账户余额
百货柜				
日化柜				
家电柜				
食品柜				
合　计				

2. 根据资料 2，按柜组计算期末库存商品应负担的商品进销差价、已销商品应分摊的商品进销差价（见表 12-4），并编制期末分摊的商品进销差价的会计分录。

表 12-4　各柜组期末分摊的商品进销差价结果表　　　　　　　　　元

实物负责人	期末库存商品应负担的商品进销差价	已销商品应分摊的商品进销差价
百货柜		
日化柜		
家电柜		
食品柜		
合　计		

实　训　三

目的： 实训施工企业工程成本的核算。

资料： 某建筑公司签订了一项合同总金额为 2 200 万元的固定造价合同，预计工程成本 1 835 万元，合同规定工期 3 年。合同完工成本按照累计实际发生的合同成本占合同预计总成本的比例确定。工程已于 2017 年 4 月开工，预计 2019 年 10 月 1 日完工。

2017 年建造工程发生业务如下。

1. 应付工程人工费用 210 万元，施工工程管理人员薪酬 35 万元。

2. 本年耗用原材料 380 万元。其中，主要材料 192 万元，结构件 180 万元，其他材料 8 万元。周转材料摊销 11 万元。

3. 本年发生的机械台班费 34 万元，租入施工机械使用费 8 万元，支付机械进出场费用 6 万元，均以银行存款支付。

4. 本年发生的其他直接费用 15 万元，以银行存款支付。

5. 本年发生的工程设备折旧费 24 万元，以银行存款支付修理费 5 万元、劳动保护费 3 万元，排污费等费用 3 万元。

6. 将本年归集的"机械专业"成本转入"工程成本"科目。

7. 将本年归集的间接费用成本转入"工程成本"科目。

8. 按合同规定，本年应结算合同价款 450 万元。

9. 本年实际收到合同价款 380 万元，存入银行。

10. 计算本年发生的工程实际成本。

11. 计算工程完工百分比。

12. 按完工百分比法计算确认本年主营业务收入、主营业务成本和合同毛利。

要求： 根据资料，逐题编制会计分录（金额单位：万元）。

项目十三

成本报表的编制与分析

一、成本报表的概念和种类

成本报表是企业根据管理需要，依据日常核算资料和其他有关资料定期或不定期编制的，用来反映和控制企业一定时期内生产耗费和成本水平及其成本构成的一种企业内部报告文件。

成本报表作为内部报表，不再对外报送或发布。因此，成本报表的种类、项目、格式和编制方法由企业自行确定。主管企业的上级机构为了对本系统所属企业的成本管理工作进行指导，也可要求所属企业上报成本报表。这时，就可由企业和主管企业的上级机构共同确定企业成本报表的种类、项目、格式和编制方法。

成本报表一般包括产品生产成本表、主要产品单位成本表、制造费用明细表和其他成本表等。企业为了加强成本的日常管理，除了上列定期编制的报表以外，还可以设计和编制日常的成本报表，如主要产品成本旬报、日报等。

二、产品生产成本表的编制

产品生产成本表是反映企业报告期内生产的全部产品的总成本的报表。产品生产成本表一般分为两种：一种按照成本项目反映，另一种按照产品类别反映。两种报表有各自不同的结构。

（一）按成本项目反映的产品生产成本表

按照成本项目反映的产品生产成本表是指按成本项目汇总反映企业在报告期内发生的全部生产成本及产品生产成本合计额的成本报表。该表在结构上由生产费用和产品生产成本两部分组成。生产成本部分按照成本项目反映报告期内发生的各种生产成本及其合计数，在此基础上加上在产品和自制半成品的期初余额，即可计算出产品生产成本的合计数。该表的生产成本部分和产品生产成本部分分别按照上年实际数、本年计划数、本月实际数和本年累计实际数设置相应的小专栏。

（二）按照产品类别反映的产品生产成本表

按照产品类别反映的产品生产成本表是按照产品种类汇总反映企业在报告期内生产的全部产品的单位成本和总成本的报表。该表的结构分为基本报表和补充资料两部分。

按照产品类别反映的产品生产成本表的格式如表 13-1 所示。

表 13-1　产品生产成本表（按产品类别反映）

××公司　　　　　　　　　　　　　　　　　　年　月　　　　　　　　　　　　　　　　　　元

产品名称	计量单位	实际产量			单位成本			本月总成本			本年累计总成本		
		本月实际	本年计划	本年实际累计	上年实际平均	本年计划	本年实际	按上年实际平均单位成本计算	按本年计划单位成本计算	本月实际	按上年实际平均单位成本计算	按本年计划单位成本计算	本年实际
可比产品合计													
其中：甲产品													
乙产品													
…													
不可比产品合计													
其中：丙产品													
…													
合　计													

补充资料：1. 可比产品成本实际降低额____；2. 可比产品成本实际降低率____；

　　　　　3. 可比产品成本计划降低额____；4. 可比产品成本计划降低率____。

三、产品生产成本表的分析

产品生产成本表的分析主要是对全部产品成本计划完成情况的分析和可比产品成本降低目标的完成情况分析。在分析中，重点是可比产品成本分析。

（一）全部产品成本计划完成情况的分析

企业全部产品包括可比产品和不可比产品。对于可比产品，可将本期实际成本分别同本期计划成本、上年实际成本进行对比分析，以衡量报告期实际成本较上年成本降低的幅度和数额，检查企业生产技术和经营管理工作的改进情况；对于不可比产品，因为以前年度没有正式生产过，其本期实际成本只能同本期计划成本进行比较分析。

1. 按成本项目进行成本计划完成情况的分析

所谓按成本项目进行分析，就是将全部产品总成本按成本项目进行逐一汇总，将实际总成本同按实际产量调整后的计划总成本进行比较，确定每个成本项目的降低额和降低率。

按成本项目反映的产品生产成本表，一般可以采用对比分析法、构成比率分析法和相关指标比率分析法进行分析。

2. 按产品种类进行成本计划完成情况分析

按产品种类进行分析时，根据企业产品生产成本表的资料分别确定全部产品、可比产品和不可比产品成本的降低及和降低率。分析产品成本计划完成情况时，并不是将成本报表中的实际总成本同成本计划中计划总成本直接对比，因为两者的产量基础不同。为了保证成本指标的可比性，需要将计划总成本换算为实际产量和计划单位成本计算的总成本，然后同实际总成本对比，以确定产品成本计划的完成程度。

其计算公式为：

$$成本降低额 = 实际总成本 - 计划总成本$$
$$= \sum [实际产量 \times (实际单位成本 - 计划单位成本)]$$
$$成本降低率 = 成本降低额 \div \sum (实际产量 \times 计划单位成本) \times 100\%$$

（二）可比产品成本计划完成情况的分析

1. 可比产品成本降低计划完成情况的分析

可比产品成本降低计划是以上年实际平均单位成本为依据确定的，具体包括降低额和降低率两个指标。其计算公式如下：

$$可比产品成本计划降低额 = \sum [计划产量 \times (上年实际单位成本 - 本年计划单位成本)]$$
$$可比产品成本计划降低率 = 可比产品成本计划降低额 \div$$
$$\sum (计划产量 \times 上年实际单位成本) \times 100\%$$
$$可比产品成本实际降低额 = \sum [实际产量 \times (上年实际单位成本 - 本年实际单位成本)]$$
$$可比产品成本实际降低率 = 可比产品成本实际降低额 \div$$
$$\sum (实际产量 \times 上年实际单位成本) \times 100\%$$
$$超计划成本降低额 = 可比产品成本实际降低额 - 可比产品成本计划降低额$$
$$超计划成本降低率 = 可比产品成本实际降低率 - 可比产品成本计划降低率$$

需说明的是，按照上述降低指标计算出的结果，正数代表的是降低额和降低率，负数代表的是增长额和增长率。

2. 可比产品成本降低任务完成情况的因素分析

影响可比产品成本的因素有产品产量、产品品种结构和单位成本。其中，对于可比产品成本降低额，3 个因素均产生影响；对于可比产品成本降低率，只有产品结构和单位成本两个因素产生影响。

习题与实训

一、单项选择题

1. 成本报表是一种（　　　）。
   A. 是对外报送的报表
   B. 是对内编报的报表
   C. 静态报表
   D. 汇总报表

2. 企业成本报表的种类、项目、格式和编制方法（　　　）。
   A. 由国家统一规定
   B. 由企业自行确定
   C. 由企业主管部门统一规定
   D. 由企业主管部门与企业共同制定

3. 下列报表中，不包括在成本报表中的有（　　　）。
   A. 产品生产成本表
   B. 主要产品单位成本表
   C. 制造费用明细表
   D. 利润表

4. 制造费用明细表应当反映（　　　）的制造费用总额。
   A. 企业各基本生产单位
   B. 企业各辅助生产单位
   C. 企业各生产单位
   D. 企业本部

5. 产品生产成本表（按成本项目反映）的结构可以分为（　　　）。
   A. 单位成本和产品生产总成本两部分
   B. 生产费用和产品生产成本两部分
   C. 实际产量、单位成本、本月总成本和本年累计总成本 4 个部分
   D. 按成本项目反映的单位成本和主要技术经济指标两部分

6. 主要产品单位成本表的单位成本部分是按（　　　）反映的。
   A. 生产费用要素
   B. 消耗定额
   C. 成本项目
   D. 费用定额

7. 下列各项中，属于产品生产成本表（按成本项目反映）不能提供资料的是（　　　）。
   A. 本年发生的全部生产费用
   B. 本年全部产品生产成本
   C. 本年全部产品按上年单位成本计算的总成本
   D. 上年全部产品生产成本

8．在填列产品生产成本表（按产品类别反映）某种产品成本的数据时，按照填列程序只能在最后填列的项目是（　　　）。

    A．本月实际总成本   B．本年累计实际平均单位成本

    C．本月实际总成本   D．本年累计实际总成本

9．比较分析法是通过（　　　）同基数的对比，借以了解经济活动的成绩和问题的一种分析方法。

    A．计划数   B．定额数

    C．实际数   D．历史最好水平

10．影响可比产品成本降低率的因素有（　　　）。

    A．产品产量   B．产品单位成本

    C．产品的种类和规格   D．产品数量

11．在可比产品成本降低计划完成情况的分析中，假定其他因素不变，单纯产量变动（　　　）。

    A．只影响成本降低额

    B．只影响成本降低率

    C．既影响成本降低额又影响成本降低率

    D．不影响成本降低额

12．企业编制主要产品单位成本表时应按（　　　）分别编制。

    A．成本项目   B．产品类别

    C．核算对象   D．主要产品

13．可比产品成本降低额和降低率之间的关系是（　　　）。

    A．成反比   B．成正比

    C．同方向变动   D．无直接关系

14．对可比产品成本降低额产生影响，但不影响可比产品成本降低率的因素是（　　　）。

    A．产品品种比重   B．产品产量

    C．产品单位成本   D．脱离定额差异

15．某产品本年计划单位成本和其本年实际平均单位成本的差异，除以其本年计划单位成本，等于（　　　）。

    A．计划成本降低额   B．实际成本降低额

    C．与计划比较的成本降低率   D．实际成本降低率

二、多项选择题

1．同对外财务会计报告比较，成本报表的特点有（　　　）。

    A．为企业内部经营管理的需要而编制

    B．报表种类和格式、内容的统一性

    C．报表种类和格式、内容可由企业自行决定

    D．按照国家统一会计制度的规定编制

2．下列报表中，属于成本报表的有（　　　）。

    A．制造费用明细表   B．产品生产成本表

C. 主营业务收支表　　　　　　　　D. 主要产品单位成本表

3. 按产品品种和类别编制的产品生产成本表，一般包括（　　　　）等指标。

　　A. 实际产量　　　　　　　　　　B. 单位产品成本

　　C. 期末在产品　　　　　　　　　D. 产品生产总成本

4. 主要产品单位成本表应当反映该主要产品的（　　　　）。

　　A. 本年实际平均单位成本　　　　B. 上年实际平均单位成本

　　C. 本年计划单位成本　　　　　　D. 历史先进水平单位成本

5. 影响产品单位成本中直接材料费用变动的因素有（　　　　）。

　　A. 产品生产总量　　　　　　　　B. 材料总成本

　　C. 单位产品材料消耗量　　　　　D. 单位材料的价格

6. 对可比产品成本降低计划的完成情况的分析，应从（　　　　）等方面进行。

　　A. 产品产量变动的影响　　　　　B. 产品品种结构变动的影响

　　C. 产品生产计划变动的影响　　　D. 产品单位成本变动的影响

7. 影响可比产品成本降低率的主要因素有（　　　　）。

　　A. 产品产量　　　　　　　　　　B. 产品品种比重

　　C. 产品销售价格　　　　　　　　D. 产品单位成本

8. 主要产品单位分析表的成本项目主要包括（　　　　）。

　　A. 直接材料　　　　　　　　　　B. 直接人工

　　C. 制造费用　　　　　　　　　　D. 管理费用

9. 下列指标中，属于产品生产成本表提供的有（　　　　）。

　　A. 按产品种类反映的上年实际平均单位成本

　　B. 按成本项目反映的本月实际生产费用

　　C. 按产品种类反映的本年累计实际总成本

　　D. 按产品种类反映的本月和本年累计的实际产量

10. 在分析可比产品成本降低任务完成情况时，单纯产量变动可能会使（　　　　）。

　　A. 成本降低额增加　　　　　　　B. 成本降低额减少

　　C. 成本降低率增加　　　　　　　D. 成本降低率减少

三、判断题（正确的画√，错误的画×）

1. 成本报表是定期编制对外报送或公布的会计报表。　　　　　　　　　　（　　）

2. 由于成本指标的特殊性，成本报表只能定期编制和报送。　　　　　　　（　　）

3. 编制成本报表的目的主要是满足企业内部管理的需要。　　　　　　　　（　　）

4. 产品生产成本表只能按产品品种和类别编制。　　　　　　　　　　　　（　　）

5. 产品成本降低额和降低率指标、计划数和实际数都是同上年比较来计算的。（　　）

6. 任何情况下，产品产量的变动都不会影响可比产品成本降低率。　　　　（　　）

7. 在其他条件不变的情况下，产品品种结构变动会影响成本降低率和降低额。（　　）

8. 影响可比产品成本降低率变动的因素是产量和单位产品成本。　　　　　（　　）

9. 影响可比产品成本降低额指标变动的因素有产品产量和产品单位成本。　（　　）

10. 影响可比产品成本降低率指标变动的因素有产品产量、产品品种构成和产品单位成本。 （　　）

四、实训题

实 训 一

在线测试

目的：实训产品生产成本表的编制和分析。

资料：欣欣公司生产甲、乙两种可比产品，2017 年度有关产品产量的资料如表 13-2 所示。

表 13-2　产品产量成本资料   件

项 目	甲产品	乙产品
产品产量：		
本年计划	2 000	1 500
本年实际	2 200	1 600
产品单位成本：		
上年实际平均	500	300
本年计划	480	280
本年实际平均	475	260

要求：

1. 根据资料编制按产品品种类别反映的产品生产成本表，如表 13-3 所示。

表 13-3　产品生产成本表（按产品品种类别编制）

编制单位：　　　　　　　　　　　2017 年度　　　　　　　　　　　元

产 品	计量单位	产　量		单　位　成　本			实际产量的总成本		
		本年计划	本年实际	上年实际平均	本年计划	本年累计实际平均	按上年实际平均单位成本计算	按本年计划单位成本计算	本年实际
甲产品	件								
乙产品	件								
合　计									

2. 计算全部产品实际成本同上年实际和计划成本比较计算的成本降低额及降低率（见表 13-4），并简要评价该厂全部产品成本计划完成情况。

表 13-4　全部产品成本降低完成情况分析表（按产品品种类别编制）

编制单位：　　　　　　　　　　　2017 年度　　　　　　　　　　　元

产 品	单　位　成　本			与上年成本比		与计划成本比	
	按上年实际平均单位成本计算	按本年计划单位成本计算	本年实际	成本降低额	成本降低率/%	成本降低额	成本降低率/%
甲产品							
乙产品							
合　计							

实 训 二

目的：实训可比产品成本计划完成情况的分析。

资料：某企业 2017 年 12 月份有关可比产品成本的资料如表 13-5 所示。

表 13-5　可比产品成本资料　　　　　　　　　　　　　　　　　　元

可 比 产 品	计划产量/件	实际产量/件	单 位 成 本		
			上 年 实 际	本 年 计 划	本 年 实 际
甲产品	2 000	1 800	10	9	11
乙产品	1 000	1 200	20	16	14

要求：

1. 计算可比产品成本计划降低额和计划降低率，如表 13-6 所示。

表 13-6　产品生产成本分析表　　　　　　　　　　　　　　　　　元

可 比 产 品	计划产量/件	单 位 成 本		总 成 本		成本降低指标	
		上年实际	本年计划	按上年实际平均单位成本计算	按本年计划单位成本计算	降低额	降低率/%
甲产品							
乙产品							
合 计							

2. 计算可比产品成本实际降低额和降低率，如表 13-7 所示。

表 13-7　产品生产成本分析表　　　　　　　　　　　　　　　　　元

可 比 产 品	实际产量/件	单 位 成 本		总 成 本		成本降低指标	
		上年实际	本年实际	按上年实际平均单位成本计算	按本年实际单位成本计算	降低额	降低率/%
甲产品							
乙产品							
合 计							

3. 对可比产品成本计划降低指标完成情况进行分析，如表 13-8 所示。

表 13-8　产品生产成本分析表　　　　　　　　　　　　　　　　　元

可 比 产 品	可比产品成本实际降低指标		可比产品成本计划降低指标		超计划降低指标	
	降 低 额	降 低 率	降 低 额	降 低 率	降 低 额	降 低 率
甲产品						
乙产品						
合 计						

附录 A
成本会计模拟考试试卷（A）

一、名词解释（本类题共 4 小题，每小题 2 分，共 8 分）

1. 生产成本
2. 分批法
3. 成本项目
4. 约当产量

二、单项选择题（本类题共 15 分，每小题 1 分；多选、错选、不选均不得分。请将正确的答案写在下列表中）

1	2	3	4	5	6	7	8	9	10	11	12	13	14	15

1. 逐步结转分步法实际上就是（　　　）的多次连接应用。

    A．品种法   B．分批法

    C．分类法   D．定额法

2. 下列项目中，属于工业企业成本项目的是（　　　）。

    A．外购材料   B．工资

C．制造费用 D．折旧费

3．在辅助生产成本分配方法中，计算结果最为准确的是（　　）。

    A．直接分配法 B．交互分配法

    C．代数分配法 D．计划成本分配法

4．成本还原的对象是（　　）。

    A．半成品成本 B．自制半成品成本

    C．各步骤半成品成本 D．各步骤所耗上一步骤半成品的综合成本

5．简化的分批法也称为（　　）。

    A．分批计算在产品成本的分批法

    B．不分批计算在产品成本的分批法

    C．不计算在产品成本的分批法

    D．不分批计算完工产品成本的分批法

6．下列各项中，不属于马克思资本论中的"理论成本"的是（　　）。

    A．原材料费用 B．生产工人工资

    C．废品损失 D．制造费用

7．企业采用计划成本分配法分配辅助生产费用，辅助生产车间实际发生的生产费用和按计划成本分配转出的费用之间的差额，应记入的科目是（　　）。

    A．生产成本 B．制造费用

    C．管理费用 D．销售费用

8．在产品按定额成本计价法，每月生产费用脱离定额的节约差异或超支差异（　　）。

    A．全部计入当月完工产品成本

    B．全部计入月末在产品成本

    C．当月在完工产品和月末在产品之间分配

    D．全部计入管理费用

9．适合于小批单件生产的产品成本计算方法是（　　）。

    A．分步法 B．分批法

    C．分类法 D．品种法

10．采用平行结转分步法，每一步骤的生产费用要在其完工产品和月末在产品之间进行分配。这里的完工产品是指（　　）。

    A．本步骤已完工的半成品

    B．本步骤已完工转入半成品库的半成品

    C．广义的完工产品

    D．产成品

11．产品成本计算的分步法按照成本结转方法不同可分为（　　）。

    A．综合结转和分项结转 B．逐步结转和平行结转

    C．综合结转和平行结转 D．逐步结转和综合结转

12．以下项目中，不属于制造费用的是（　　）。

    A．基本生产车间机器设备的折旧费用

    B．基本生产车间管理人员工资

C．生产车间照明费用

D．自制半成品盘亏损失

13．采用简化的分批法，在各该批产品完工前按批别设立的产品成本明细账内（　　　）。

A．只登记材料费用，不登记人工费用

B．只登记人工费用，不登记材料费用

C．只登记生产工时和人工费用

D．只登记直接计入费用（如原材料）和生产工时

14．企业月末在产品数量较大，各月末在产品数量变化也较大，产品成本中原材料费用比重较大，则完工产品和月末在产品的生产费用分配方法应采用（　　　）。

A．在产品按定额成本计价法

B．在产品按所耗原材料费用计价法

C．定额比例法

D．约当产量比例法

15．在辅助生产费用交互分配法下，交互分配后的实际费用要在（　　　）分配。

A．各基本生产车间之间　　　　　B．在各受益单位之间

C．各辅助生产车间之间　　　　　D．辅助生产以外的各受益单位之间

三、判断题（本类题共 10 分，每小题 1 分。请将正确的答案写在下列表中）

1	2	3	4	5	6	7	8	9	10

1．采用逐步结转分步法，半成品成本结转同半成品实物的转移是一致的。　　（　　）

2．在只生产一种产品的工业企业或车间中，直接生产费用和间接生产费用都是直接计入费用。　　（　　）

3．财务会计与成本会计在会计确认、计量、记录方面基本是相同的，但会计报告服务对象是不同的。　　（　　）

4．在实际工作中，企业可根据生产特点和管理要求，对成本项目进行适当的调整。　　（　　）

5．在约当产量比例法下，需要对各成本项目分别计算完工产品成本和月末在产品成本。　　（　　）

6．工业企业各生产单位发生的制造费用既可以在本部门内部进行分配，也可以在全厂范围内进行统一分配。　　（　　）

7．采用平行结转分步法，有利于加强半成品的实物管理。　　（　　）

8．在现行会计制度下，制造费用和管理费用均作为期间费用处理，不计入产品成本。　　（　　）

9．在制造费用的分配方法中，分配结果都会使"制造费用"账户余额为 0。　　（　　）

10．影响可比产品成本降低率变动的因素是产量和单位产品成本。　　（　　）

四. 简答题（本类题共 7 分）

简述品种法的概念、特点和适用范围。

五、计算分析题（本类题共 30 分，每小题 10 分）

1. 某企业生产乙产品，月初在产品成本为 60 000 元，本月共发生原材料费用 540 000 元，原材料在生产开始时一次性投入。本月完工产品数量为 80 件，月末在产品数量为 20 件。本月发生直接人工费用 24 000 元，制造费用 18 000 元。

要求：

（1）采用在产品按所耗原材料成本计算法计算乙产品完工成本和月末在产品成本。

（2）编制结转完工产品成本的会计分录。

2. 某企业设置修理和供水两个辅助生产车间，有关成本资料和产量记录如下表所示。

辅助生产费用分配表（计划成本分配法）
2017 年 3 月
元

项 目		修理车间		供水车间		合 计
		数量/小时	金 额	数量/立方米	金 额	
待分配的费用和数量		5 500	25 000	32 000	30 000	
计划单位成本		5 元/小时		1 元/立方米		
辅助生产车间	修理车间			1 000		
	供水车间	500				
基本生产车间	A 产品耗用			20 000		
	车间一般耗用	3 600		3 000		
行政管理部门		1 400		8 000		
按计划单位成本分配合计						
辅助生产实际成本						
成本差异						

要求：

（1）采用计划成本分配法分配辅助生产成本，并填在上表中。

（2）编制分配辅助生产成本的会计分录。

3. 某企业生产 B 产品需顺序经过 3 道工序连续加工才能完成，在产品在各工序的完工程度均为 50%。具体资料如下表所示。

项 目	一工序	二工序	三工序	合 计
工时定额/小时	60	100	40	200
在产品数量/件	80	60	40	180

要求： 按上述资料，计算分配下列项目指标。

（1）第一工序在产品完工率＝

（2）第二工序在产品完工率＝

（3）第三工序在产品完工率＝

（4）在产品约当产量＝

六、综合题（本类题共 25 分）

甲产品顺序经过第一、第二共两个生产步骤加工完成。其中，第一车间生产甲半成品，完工后全部交第二车间继续加工为成品。直接材料在生产开始时一次性投入，各车间的其他费用发生比较均衡，月末在产品完工程度均为 50%。该企业采用逐步结转分步法计算成本，各步骤完工产品成本和月末在产品成本按约当产量比例法分配计算。本月有关产量和成本计算资料如下。

1. 产量资料如下表所示。

件

项 目	月初在产品	本月投入或上步转入	本月完工转入下步或交库	月末在产品	月末在产品完工率
第一车间	50	550	500	100	50%
第二车间	100	500	400	200	50%

2. 生产费用资料如下表所示。

元

生产步骤		半成品成本	直接材料	直接人工	制造费用	合 计
第一车间	月初在产品成本		25 000	6 250	5 000	36 250
	本步骤生产费用		275 000	131 250	105 000	511 250
第二车间	月初在产品成本	95 000		20 000	15 000	130 000
	本步骤生产费用			200 000	150 000	350 000

要求:

(1) 根据资料,采用综合结转分步法计算甲半成品成本,并填列相关表格。

(2) 根据资料,计算甲产成品成本,并填列相关表格。

(3) 编制成本结转和产成品入库的会计分录。

(4) 进行成本还原,并填成本还原计算表。

基本生产成本明细账

户名:第一车间   产品名称:甲半成品   元

摘　要	直 接 材 料	直 接 人 工	制 造 费 用	合　计
月初在产品成本				
本步骤生产费用				
合　计				
约当产量/件				
约当产量+完工产量/件				
分配率				
完工转出半成品成本				
月末在产品成本				

会计分录:

基本生产成本明细账

户名：第二车间   产品名称：甲产品   元

摘　要	半成品成本	直接人工	制造费用	合　计
月初在产品成本				
本步骤生产费用				
上步骤转入费用				
合　计				
约当产量/件				
约当产量＋完工产量/件				
分配率				
完工转出产成品成本				
月末在产品成本				

会计分录：

产成品成本还原计算表

元

行次	项　目	还原分配率	半成品成本	直接材料	直接人工	制造费用	合　计
1	还原前产成品成本						
2	本月一车间所产半成品成本						
3	半成品成本还原						
4	还原后产成品总成本						
5	单位成本（产量 400 件）						

成本还原率＝

附录 B

成本会计模拟考试试卷（B）

一、名词解释（本类题共 4 小题，每小题 2 分，共 8 分）

1. 直接分配法
2. 品种法
3. 费用要素
4. 成本报表

二、单项选择题（本类题共 15 分，每小题 1 分；多选、错选、不选均不得分。请将正确的答案写在下列表中）

1	2	3	4	5	6	7	8	9	10	11	12	13	14	15

1. 下列项目中，不属于工业企业成本项目的是（   ）。

   A. 直接材料   B. 直接人工

   C. 制造费用   D. 折旧费

2. 辅助生产车间采用计划成本分配法时，为简化分配工作，将辅助生产成本差异全部调整计入（　　　）。

    A．制造费用　　　　　　　　　　B．生产费用

    C．辅助生产成本　　　　　　　　D．管理费用

3. 下列方法中，属于产品成本计算辅助方法的是（　　　）。

    A．品种法　　　　　　　　　　　B．分步法

    C．定额法　　　　　　　　　　　D．分批法

4. 逐步结转分步法实际上就是（　　　）的多个连接应用。

    A．品种法　　　　　　　　　　　B．分批法

    C．分类法　　　　　　　　　　　D．定额法

5. 下列关于成本计算平行结转分步法的表述中，不正确的有（　　　）。

    A．不必逐步结转半成品成本

    B．能提供各个步骤半成品的成本资料

    C．各步骤可以同时计算产品成本

    D．不需要进行成本还原

6. "基本生产成本"按（　　　）分设专栏进行明细分类核算。

    A．产品品种　　　　　　　　　　B．产品成本项目

    C．明细分类科目　　　　　　　　D．会计要素具体内容

7. 辅助生产成本分配方法如采用代数分配法，在（　　　）中采用比较适宜。

    A．大型企业　　　　　　　　　　B．中小型企业

    C．电算化企业　　　　　　　　　D．商品流通企业

8. 企业月末在产品数量较多、各月在产品数量变化不大时，最适宜将产品生产费用在完工产品和月末在产品之间分配的方法是（　　　）。

    A．定额比例法　　　　　　　　　B．不计算在产品成本法

    C．约当产量比例法　　　　　　　D．在产品按固定成本计算法

9. 在综合结转分步法下，成本还原的对象是（　　　）。

    A．半成品成本　　　　　　　　　B．自制半成品成本

    C．各步骤半成品成本　　　　　　D．产成品中的半成品成本

10. 采用平行结转分步法，不论半成品是在各生产步骤之间直接结转，还是通过半成品库收发，都（　　　）科目进行总分类核算。

    A．不通过"自制半成品"　　　　B．通过"自制半成品"

    C．不通过"库存商品"　　　　　D．通过"库存商品"

11. 区分各种产品成本计算基本方法的主要标志是（　　　）。

    A．成本管理要求　　　　　　　　B．成本计算期间

    C．成本计算对象　　　　　　　　D．间接成本的分配方法

12. 下列成本计算方法中，必须设置基本生产成本二级账的方法是（　　　）。

    A．平行结转分步法　　　　　　　B．逐步结转分步法

    C．简化分批法　　　　　　　　　D．分类法

13. 下列各项中，采用分批法时不可以作为一个成本计算对象的是（　　　）。

    A．不同订单中的同种产品   B．同一订单中的不同种产品

    C．同一订单中的同种产品   D．一件大型复杂产品的某个组成部分

14. 下列方法中，不属于制造费用分配方法的是（　　　）。

    A．机器工时比例分配法   B．按年度计划分配率分配法

    C．约当产量比例法   D．生产工人工时比例分配法

15. 简化的分批法是（　　　）。

    A．分批计算在产品成本的分批法

    B．不分批计算在产品成本的分批法

    C．不计算在产品成本的分批法

    D．不分批计算完工产品成本的分批法

三、判断题（本类题共 10 分，每小题 1 分。请将正确的答案写在下列表中）

1	2	3	4	5	6	7	8	9	10	11	12	13	14	15

1. 企业在一定时期的生产费用等于其同一时期的产品成本。　　　　　　　　　（　　）

2. 采用顺序分配法分配辅助生产费用，其特点是受益少的先分配，受益多的后分配，先分配的辅助生产车间不负担后分配的辅助生产车间的费用。　　　　　　　（　　）

3. 大量大批多步骤生产的企业均应采用分步法计算产品成本。　　　　　　　（　　）

4. 在同一个企业的生产单位中，可以同时采用多种成本计算方法。　　　　　（　　）

5. 简化的分批法下，月末未完工产品的批数越多，核算工作就越简化。　　　（　　）

6. 采用逐步结转分步法，半成品成本结转同半成品实物的转移是一致的。　　（　　）

7. 任何一种成本计算方法，最终都需要采用品种法计算产品成本。　　　　　（　　）

8. 如果原材料在生产产品的每道工序开始时一次性投入，则用来分配原材料费用的最后一道工序的完工率为 100%。　　　　　　　　　　　　　　　　　　　　（　　）

9. 计入产品成本的生产费用按经济用途进行分类的项目称为成本项目。　　　（　　）

10. 采用逐步结转分步法计算产品成本，各步骤的生产费用应在产成品和广义在产品之间进行分配计算成本。　　　　　　　　　　　　　　　　　　　　　　　　（　　）

四、简答题（本类题共 7 分）

简述分步法的概念、特点和适用范围。

五、计算分析题（本类题共 30 分，每小题 10 分）

1．某企业设置修理和运输两个辅助生产车间。

修理车间本月发生的费用为 32 000 元，提供修理劳务 5 500 小时。其中，为运输部门修理 500 小时，为基本生产车间修理 3 600 小时，为管理部门修理 1 400 小时。

运输部门本月发生的费用 21 000 元，提供运输 15 000 千米。其中，为修理车间提供运输劳务 1 000 千米，为基本生产车间提供运输劳务 10 000 千米，为管理部门提供运输劳务 4 000 千米。

要求：

（1）采用直接分配法计算分配辅助生产成本，并将计算结果填入下表。

元

项　目	分配率（列示计算）	基本生产车间	管理部门	合　计
修理车间				
运输部门				

（2）编制分配辅助生产成本的会计分录。

2．某企业生产 A 产品需顺序经过 3 道工序连续加工才能完成，材料在产品开工时一次性投入，在产品在各工序的完工程度均为 50%。本月企业发生的直接人工为 62 310 元；本月完工产品 400 件，月末在产品 200 件，各工序工时定额及在产品数量分布情况如下表所示。

项　目	一工序	二工序	三工序	合　计
工时定额/小时	60	100	40	200
在产品数量/件	80	50	70	200

要求：

（1）计算各工序在产品完工程度及各工序在产品约当产量，并将计算结果填入下表的空白处（列出计算过程，否则不给分）。

各工序完工程度及约当产量计算表

工 序	月末在产品数量/件	定额工时/小时	在产品完工程度/%（列式计算）	在产品约当产量（列式计算）
1				
2				
3				
合 计			—	

（2）计算直接人工费用分配率。

（3）计算本月 A 产品完工产品和月末在产品的应负担直接人工费用。

3．某工厂 2017 年全部可比产品生产成本表如下表所示。

全部产品生产成本表

2017 年　　　　　　　　　　　　　　　　　　　　　　　　　　　　元

产品名称	计量单位	实际产量	单位成本			总成本		
			上年实际	本年计划	本年实际	按上年实际平均单位成本计算	按本年计划单位成本计算	本年实际
可比产品：								
甲产品	件	180	520	490	500			
乙产品	件	240	750	740	700			
合 计								

要求：

（1）计算上述总成本，并将结果填入表中。

（2）计算分析可比产品成本计划完成情况。

成本降低额＝

成本降低率＝

六、综合题（本类题共 30 分）

某企业 2017 年 4 月生产丁产品，经过 3 个生产步骤，原材料在开始生产时一次性投入，其他项目 50%。月末在产品按约当产量比例法计算。有关资料见下表。

产量资料
件

项　目	第 1 步骤	第 2 步骤	第 3 步骤
月初在产品数量	10	10	20
本月投产数量	210	190	180
本月完工产品数量	190	180	190
月末在产品数量	30	20	10

生产费用资料
元

成 本 项 目	月初在产品成本			本月发生费用		
	第 1 步骤	第 2 步骤	第 3 步骤	第 1 步骤	第 2 步骤	第 3 步骤
直接材料	700	2 710	14 230	18 000		
直接工资	6 270	2 800	1 110	13 000	54 200	18 000
制造费用	810	1 500	820	16 000	27 000	14 000
合　计	7 780	7 010	16 160	47 000	81 200	32 000

要求：

（1）采用综合逐步结转分步法计算产品成本，并完成下表。

（2）编制结转成本的会计分录。

基本生产成本明细账

户名：第 1 步骤
元

年		凭证字号	项　目	直 接 材 料	直 接 人 工	制 造 费 用	合　计
月	日						
			月初在产品成本				
			本月发生费用				
			合　计				
			在产品约当产量/件				
			完工产量＋约当产量/件				
			单位成本				
			转出半成品成本				
			在产品成本				

会计分录：

基本生产成本明细账

户名：第2步骤　　　　　　　　　　　　　　　　　　　　　　　　　元

年		凭证字号	项　目	直接材料	直接人工	制造费用	合　计
月	日						
			月初在产品成本				
			本月发生费用				
			合　计				
			在产品约当产量/件				
			完工产量＋约当产量/件				
			单位成本				
			转出产成品成本				
			在产品成本				

会计分录：

基本生产成本明细账

户名：第3步骤　　　　　　　　　　　　　　　　　　　　　　　　　元

年		凭证字号	项　目	直接材料	直接人工	制造费用	合　计
月	日						
			月初在产品成本				
			本月发生费用				
			合　计				
			在产品约当产量/件				
			完工产量＋约当产量/件				
			单位成本				
			转出产成品成本				
			在产品成本				

会计分录：

参 考 文 献

[1] 葛家澍，余绪缨，侯文铿，等. 会计大典第四卷，成本会计[M]. 北京：中国财政经济出版社，2000.

[2] 财政部会计资格评价中心. 初级会计实务[M]. 北京：经济科学出版社，2017.

[3] 财政部会计资格评价中心. 中级会计实务[M]. 北京：经济科学出版社，2017.

[3] 中国注册会计师协会. 财务成本管理[M]. 北京：经济科学出版社，2016.

[4] 丁增稳. 成本会计实务[M]. 北京：中国商业出版社，2008.

[5] 欧阳清，万寿义. 成本会计[M]. 大连：东北财经大学出版社，2008.

[6] 于富生，王俊生，黎文珠. 成本会计学[M]. 北京：中国人民大学出版社，2014.

[7] 丁增稳，缑宇英. 成本会计[M]. 北京：中国科学技术出版社，2008.

[8] 祁怀锦，赵雪媛. 高等自学考试同步训练——成本会计学[M]. 北京：中国人事出版社，1998.

[9] 高翠. 成本会计[M]. 大连：大连出版社，2007.

[10] 丁增稳，李蓉. 成本会计实训教程[M]. 北京：高等教育出版社，2017.

[11] 程坚. 成本计算与管理[M]. 北京：高等教育出版社，2016.

[12] 李传双. 成本计算与管理[M]. 北京：高等教育出版社，2016.

[13] 周国安. 成本会计实务[M]. 北京：高等教育出版社，2016.

[14] 孙颖. 成本会计项目化教程[M]. 北京：高等教育出版社，2016.

[15] 顾全根. 成本计算与管理[M]. 北京：高等教育出版社，2016.

尊敬的老师：

您好。

请您认真、完整地填写以下表格的内容（务必填写每一项），索取相关图书的教学资源。

教学资源索取表

书　名				作者名	
姓　名		所在学校			
职　称		职　　务		职　　称	
联系方式	电话		E-mail		
	QQ号		微信号		
地址（含邮编）					
贵校已购本教材的数量（本）					
所需教学资源					
系/院主任姓名					

系 / 院主任：_____（签字）

（系 / 院办公室公章）

20_____年_____月_____日

注意：

① 本配套教学资源仅向购买了相关教材的学校老师免费提供。

② 请任课老师认真填写以上信息，并请系／院加盖公章，然后传真到（010）80115555 转 718438 索取配套教学资源。也可将加盖公章的文件扫描后，发送到 fservice@126.com 索取教学资源。欢迎各位老师扫码关注我们的微信号和公众号，随时与我们进行沟通和互动。

③ 个人购买的读者，请提供含有书名的购书凭证，如发票、网络交易信息，以及购书地点和本人工作单位来索取。

微信号

公众号

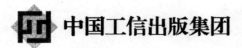